现代英语教学模式与教学方法探讨

赵熹妮 ◎ 著

吉林出版集团股份有限公司

图书在版编目（CIP）数据

现代英语教学模式与教学方法探讨 / 赵熹妮著. — 长春：吉林出版集团股份有限公司，2023.7

ISBN 978-7-5731-4005-0

Ⅰ. ①现… Ⅱ. ①赵… Ⅲ. ①英语－教学模式－研究－高等学校 Ⅳ. ①H319.3

中国国家版本馆 CIP 数据核字（2023）第 142221 号

现代英语教学模式与教学方法探讨

XIANDAI YINGYU JIAOXUE MOSHI YU JIAOXUE FANGFA TANTAO

著　　者 赵熹妮

责任编辑 曲珊珊

封面设计 林　吉

开　　本 787mm×1092mm　1/16

字　　数 221 千

印　　张 12

版　　次 2023 年 7 月第 1 版

印　　次 2024 年 1 月第 1 次印刷

出版发行 吉林出版集团股份有限公司

电　　话 总编办：010-63109269

发行部：010-63109269

印　　刷 廊坊市广阳区九洲印刷厂

ISBN 978-7-5731-4005-0　　定价：78.00 元

前　言

大学英语教学承担着培养语言基本功扎实、跨文化技能娴熟、国际视野宽广、中国情怀博大、专业基础宽厚、国际规范熟悉的国际化人才的使命，而建设科学、完善的大学英语课程体系就成为实现这一目标的保障。针对教育部所启动的大学英语新一轮教学改革的要求，结合目前大学英语教学现状和已有资源，积极探索建设科学、综合、立体、有机的新型大学英语课程体系，以更好地满足社会的需求，符合学校的办学目标，对接专业需要，助推学生的发展。

近年来，我国外语教育教学呈现出新的发展趋势，对专业建设、课程设置、教学改革和现代化教学手段的研究日益凸显，“以学习者为中心”的教学模式研究越来越受到重视，研究重点由语言知识的习得转向如何将语言知识转化为语言能力。另一方面，教师专业发展研究也取得了长足的发展。作为占据了高等教育领域“半壁江山”的高等职业教育，近年来逐渐受到社会各界的密切关注。高职外语教育教学的新特点要求我们不断研究和探索，以适应高职教育蓬勃发展的新形势。

由于水平有限，时间仓促，定有疏漏和不足之处，敬请广大大学英语教学工作者和专家提出宝贵意见。

赵熹妮

目　录

第一章　教学模式与大学英语教学概述

第一节　教学模式的理论

大学英语教学模式主要基于以下教学理论和方法。

一、建构主义教学模式

建构主义教学模式是在建构主义学习理论指导下建立起来的，是建构主义理论应用于课堂教学的教学模式。它提倡的学习方法是在教师指导下的、以学生为中心的学习，其学习环境包括情境、协作、会话和意义建构四大要素，因此，建构主义教学模式主张在教师指导下，以学习者为中心的学习。学生是信息加工的主体，是知识意义的构建者，而不是外部刺激的被动接受者和被灌输的对象。教师是意义构建的帮助者和促进者。概而述之，建构主义教学模式是指在教学过程中，在教师指导下，以学生为中心，以探究为主要学习方式，利用情境、协作、会话等学习环境要素，充分发挥学生的主动性、积极性和首创精神，使学生有效地实现当前所学知识意义构建的教学程序及其方法策略体系。

建构主义思想自皮亚杰以来，在其对学生的学习进行考虑和反思的发展过程中形成了多种流派。虽然各流派在对知识、学习、教师和学生等问题上的看法有许多共同之处，因而对教学目标的要求基本一致，但由于各观点侧重点不同，教学中所采取的教学方式和步骤也不一样。目前，研究比较成熟的有：抛锚式建构主义教学模式、支架式建构主义教学模式、随机进入建构主义教学模式等。

二、研究性教学理念

研究性教学是建构主义学习理论下形成的与之相适应的一种教学模式和方法。建构主义理论包括认知建构主义和社会建构主义。认知建构主义的开创者皮亚杰和社会建构主义奠基人维果斯基都一样重视学习的认知过程，把学习看成是学习者主动“建构”知识的过程，不是通过他人“给予”而被动接受和使用的过程。认知结构产生的源泉是主、客体相互作用的活动，在相互作用的活动中蕴含着双向结构。

以建构主义为理论支撑的研究性教学是指学生在教师指导下，以类似科学研究的方式去主动获取知识、综合运用知识解决问题的一种学习方式。研究性学习与一般意义上的科学研究具有一定的相似性，如在研究过程上两者都要遵循提出问题、收集资料、形成解释、总结成果这样一个基本的研究程序。在这里知识都是以问题的形式呈现，知识的结论要经过学习者主动的思考、求索和探究。可见，研究性教学理念的本质是学生主动参与的探索性学习，思维是学习的动力，学生是学习的主人，因此“外语是学会的”，“学”在这里是研习的意思。

在大学英语教学中倡导研究性教学理念，应该说是为内容教学提供了一条新路。众所周知，外语是一门工具性质的学科，而大学英语的工具性就更显突出。由于没有实质的教学内容，没有像高考这样重要的教学目标，大学英语的听、说、读、写技能训练因而就变得枯燥又机械。只有研究性教学，才使大学英语教学第一次有了真正的教学内容，并且在完成项目的研究过程中，学生的外语能力在实践中得到了锻炼，学生的思考能力、创新能力得以发展，学生的学习能动性从根本上得到了改观。

但是研究性教学又不是完全淡化外语技能的培养，事实上，将所学的语言知识应用于信息获取、问题分析、精确讲、说、书面写作等过程更能培养学生把外语作为一门工具的语言能力。另一方面，研究性教学在大学英语中的应用又有别于英语专业的研究性教学。英语专业的研究性教学是对英语语言学、文学和英语文化等专业知识的学习和研究，而大学英语的研究性教学是让学生在一定范围内自主选题，题目可以是人文社会的，也可以是自然科学的，这样既锻炼了语言能力，又培养了思维能力，扩大了学生的知识面，一举多得。

近年来，美国和日本等国家都设置了类似的“研究型”课程，共同点是：(1)重视知识的掌握，但更注重学习的方法；(2)强调主动学习；(3)科学精神与人文情怀并重。

三、人本主义学习理论

人本主义学习理论对学习本质的揭示是从人的自我实现和个人意义的角度加以描述，认为学习是个人自主发起的，使个人整体投入其中并产生全面变化的活动，是个人的充分发展，是人格的发展、自我的发展。根据人本主义的学习理论，美国心理学家马斯洛、罗杰斯等创立的人本主义理论提出了10条学习原则：(1)人生来就对世界充满好奇心，人类生来就有学习的潜能；(2)当学生觉察到学习内容与自己的目的有关时，有意义的学习就发生了；(3)当学生的信念、价值观和基本态度遭到怀疑时，他往往会有抵触情绪；(4)学生要处于相互理解和支持的环境里，在没有等级评分鼓励自我评价的情况下，就可以消除由于嘲笑和失败带来的不安；(5)当学生处于没有挫败感而具有安全感的环境里，就能以相对自由和轻松的方式去感知书本上的文字和符号，区分和体会相似语词的微妙差异，换言之，学习就会取得进步；(6)大多数有意义的学习是边干边学、在干中学会的；(7)当学生负责任地参与学习时，就会促进学习；(8)学习者自我发起并全身心投入的学习，最深入，也最能持久；(9)当以自我批判和自我评价为主、他人评价为辅时，就会促进学习的独立性、创造性和自主性；(10)现代社会最有用的学习是洞察学习的过程、对实践始终持开放态度，并内化自己的知识积累。① 简而言之，人本主义理论主张废除以教师为中心的模式，代之以学生为中心的模式，而以学生为中心的关键，是在于使学习者感到学习具有个人意义。

人本主义学习理论强调学习是一个情感与认知相结合的精神活动。在学习过程中，情感和认知是彼此融合、不可分割的两个部分。整个学习过程是教师和学习者

---

① （美）马斯洛（A.H. Maslow）著；林方译 . 科学心理学 [M]. 昆明：云南人民出版社，1988.

两个完整的精神世界的互相沟通、理解的过程，而不是教师向学习者提供知识材料的刺激，并控制这种刺激呈现的次序，期望学习者掌握所呈现知识并形成一定的自学能力和迁移效果的过程。由此可以理解，教学也不再是以教师为中心，以知识输入讲解为主要方式的活动了。要使整个学习活动富有生机、卓有成效，需要以学习者为中心，深入其内在情感世界，以师生间的全方位的互动来达到教学目标。这不同于多年来我国大学英语教学课堂以教师为主体，以教师讲解传授为主要形式的教学方法。

四、后现代主义教学观

后现代主义教学观是在对教育“现代性”进行深刻反思的基础上形成的，具有开放性、超前性和创新性等特点。

后现代主义在我国最早出现在20世纪80年代初的《读书》杂志上，1985年美国杜克大学的弗·杰姆逊教授在北大开了名为“后现代主义与文化理论”的专题课，在此之后，后现代主义在中国得到了快速发展。总体而言，它是对现代主义所崇尚的总体一致性、规律性、线性和共性及追求中心性的排斥，主张以综合、多元的方式去建构，具有非中心性、矛盾性、开放性、宽容性、无限性等特征。

后现代主义教学观对大学英语教学改革的启示表现在：

（1）在打破“完人”教育目的观的同时，后现代主义者也提出了自己的教学目的观。他们主张学校的教学目的要注重学生各方面的发展，不强求每个受教育者都得到全面发展，要培养符合学生自己特点及生活特殊性的人，造就具有批判性的公民。

（2）后现代主义认为现代主义的课程观是唯科学的、封闭的。多尔从建构主义和经验主义出发，吸收了自然科学中的理论，把后现代主义的课程标准概括为4R原则，即丰富性、循环性、关联性及严密性。

（3）后现代主义认为教学过程是一个自组织过程。自组织是一个通过系统内外部诸要素进行相互作用，在看似混沌无序的状态下自发形成有序结构的动态过程。

（4）后现代主义的师生观认为，在传统的教学中，教师处于知识传授的中心地位，而学生处于被动和弱势的地位。教师是话语的占有者，学生的自主性和潜能受到了压制，故后现代主义认为，必须在课堂教学中建立师生平等对话的平台。在科学技术日新月异的影响下，知识的传播已经发生了很大的变化，教师的主要任务是教会学生使用终端技术和新的语言规则。在师生关系中，教师从外在于学生的情景转向与情景共存，教师的权威也转入情景之中，他是内在情景的领导者，而非外在的专制者。

（5）后现代主义的教学评价要求实施普遍的关怀，着眼于学生无限丰富性发展的生态式激励评价，让学生充满自信，每个个体都各得其所，始终获得可持续发展的动力。它强调教学评价应该体现差异的平等观，即使用不同标准、要求，来评价不同的对象，主张接受和接收一切差异，承认和保护学习者的丰富性、多样性。

五、学术英语教学理念

学术英语也是近来在大学英语教学改革中提到的一个新的课程设计理念，它是针对在大学英语教学中盛行了几十年的基础英语提出的。基础英语的教学重点是语言的技能训练，包括听、说、读、写、译等，而学术英语分为两大类：一般学术英语和专门用途英语。前者主要培养学生书面和口头的学术交流能力，后者主要涉及工程英语、金融英语、软件英语、法律英语等课程。

以学术英语为新定位的大学英语教学，既区别于以往的以语言技能训练为主的基础英语，又区别于大学高年级英语的专业知识学习或者“双语教学”，当然也区别于英语专业学生所学的人文学科方面的专业英语。它是基础英语的提高阶段，即在学生掌握了一定的规则和词汇，达到了一定的水平后，为他们用英语进行专业学习做好语言、内容和学习技能上的准备，是在大学基础教育阶段为今后全英语专业知识学习打下基础的一种教学模式。

第二节　课程体系构建理论与现状

一、课程体系构建理论基础

（一）社会发展是大学课程体系构建的社会基础

大学英语的教学重心从基础英语到学术英语和实用型课程体系的转移是我国时代和社会发展的需要。

首先，这一体系可以激发大学生对课程学习的热情和动力，避免了目前大学英语和高中英语教学内容重复的现象。随着时代和媒体的发展，大学新生的英语水平和改革开放初期大学新生的英语水平相比已有了很大的提高，如果继续在大学英语教学中教授基础英语，必然会造成学生学习懈怠。对照《普通高中英语课程标准》（2022 年），也不难发现在培养目标、课程设置和教学要求诸方面都基本接近甚至雷同。例如，《普通高中英语课程标准》规定高中毕业生词汇量要达到 3300~4500 个，而大学毕业生的一般要求，其词汇量也是 4500 个。因此新一代的大学新生在高中阶段实际已基本完成基础英语的学习，大学英语教学应该转为以学术英语和研究性学习内容为重心，为学生在大学高年级用英语进行专业学习做好语言、内容和学习、学术技能上的准备。

其次，可以为培养市场需求的高科技人才走好扎实的第一步。目前，大部分重点工科院校仍在花两年时间给学生开设以人文科学为教学内容的基础英语课，分析文章结构，讲解语法词汇，训练听、说、读、写、译等日常交际技能。这样的教学对学生今后在各自专业领域中的发展不能说完全没有帮助，但帮助实在太小了。张炳阳在《今天，我们需要什么样的外语人才》一文中指出，我国懂外语的人很多，但能熟练使用外语的工程技术人才却不多。在市场经济的大环境下，通过 10 年时间

（6 年中学 +4 年大学）培养出来的人才不能满足市场的需求，这不能不说是资源和时间的巨大浪费。

再次，把“大学英语”从基础英语转为学术英语和“研究型”课程英语也将为学生在大学高年级接受双语或全英文授课做好准备。目前很多用英语教授专业课的教师感慨：学生在听英语专业讲课、记笔记、小组陈述观点、阅读原版教材和专业文献、写期末论文等方面如有一些前期的锻炼是完全有必要的。

（二）新一轮的大学英语改革是大学课程体系构建的有力推手

随着多媒体和网络技术在外语教学中的应用，我国当前的大学英语教学在教学形式上与传统的教学相比已有了很大的改观：学生视听说的机会增加了；教学形式也从以往单一的教师传授发展成了学生多模态并用的小组活动、双人活动等，这些是传统教学无法实现的。然而在习惯了一段时间多媒体教学的新颖形式后，学生学习的积极性又一次降温。究其原因，主要是在网络环境下的以交际法为主导的任务型外语教学方法归根到底还是语言技能训练，这与传统的教学本质上差别不大。长期的语言技能训练不仅挫伤了学生学习外语的热情，而且导致学生在思维上也产生了一定的惰性，不愿费神费力，甚至厌学。英语教学不能等同于语言技能的传授和训练，英语教学既不能是英语语言知识的教学，也不能是英语语言技能的教学。英语教学应该是，也只能是某种教学内容的教学。从语言技能教学转向内容教学是中国英语教学改革的根本出路。而语言的内容就是思维，语言是思维的载体。外语学习的结果不但是语言交际能力的提高，更可以是思维方式的拓展、价值观念的重组和人格结构的重塑，并且只有思维才能从根本上发挥学习者的能动性，才能实现新一轮大学英语改革的目标：“以学生为中心，从传授一般的语言知识与技能，到更加注重培养语言的运用能力和自主学习能力的教学模式的转变。”

（三）“全人”教育、终身教育、教育国际化等教育思想是大学课程体系构建的教育哲学基础

“全人”指全面发展的人。社会发展的核心是为了人的全面发展。“全人”教育思想更加注重素质教育，重视学生创新能力的培养，注重学生的个性发展，因材施教。终身教育思想注重学生学习能力的培养，强调用科学方法教育，注重教会学生学习的方法和对学生品格的塑造。教育国际化是现代科技发展和信息化社会的产物。随着科技的不断发展和经济全球化步伐的加快，特别是加入 WTO 后，中国高等教育更加广泛地参与全球范围内的教育服务竞争，高等职业教育开放的力度更大，参与国际交流的地域更广，与外国合作办学的机遇更多，而这一切都要以外语和计算机为基础。大学英语课程体现了“全人”教育、终身教育及教育国际化等教育思想。

二、现状分析

（一）大学英语教学改革亟待寻找新定位

近年来，大学英语教学改革已取得了明显成效：（1）教学方法取得了重大进步。充分利用现代信息技术特别是网络技术，构建基于课堂和计算机的大学英语教学新模式。（2）项目建设取得了重大进展。全国 100 所高校成为大学英语改革示范点。（3）教师队伍建设取得了重大进步。教师整体学历和教学能力在逐年提高。（4）四、六级考试改革稳步推进。但是必须看到，大学英语教学改革还存在很多不容忽视的问题：教学模式相对单一；大学生英语综合应用能力不强；大学生英语学习的积极性、主动性、创造性不强；教师业务水平和教学能力亟待提高等。如何解决这些问题是大学英语改革的新目标。

（二）课程建设的必要性

以学术英语和研究性学习为新定位的大学英语教学改革已经引起了国内外专家

的重视。英国语言学家大卫·格雷多尔（David Graddol）预言，“英语仅仅作为一门外语来学习的时代即将结束。学习者需求的变化和市场经济的变化导致英语教学正在同传统的英语教学方法决裂”。英国文化委员会在一项大型英语调查中得出结论，将来的英语教学是越来越多地与某一方面的专业知识或某一个学科结合起来。在日本，大学英语课程已从“学习英语”转向了“用英语学习”。在我国香港地区，大学英语学分主要在学术英语上。在我国内地，大学英语教学正悄悄地从单纯的基础语言培养向实用能力（包括与专业有关的英语能力）培养转移。长学期的基础英语学分已从 16 分降到 9 分，大学英语被压缩到了 3 个学期，而且只有不到 70% 的学生需要学完 3 个学期的基础英语，其余 30% 只学 1 到 2 个学期，剩下的 1 到 2 个学期用于选修各种培养英语应用能力的课程。

基于上述教学模式理论和课程构建理论与现状，大学取消了以语言技能强化训练为主的基础英语课程，向大部分非英语专业学生开设了由研究性教学指导的一般学术英语课程。学习内容包括：项目研究计划书的撰写、定性定量数据的收集和分析、研究报告的写作和口头汇报，以及个人的反思性总结。该课程建设的必要性表现在：

首先，可以给大学英语改革带来新的动力。当前大学英语课程教学的主要问题在于，大学英语教学仍然以普通基础英语为主要教学内容，不具备实用性和社会交往性，无法适应经济发展的需要，课堂教学内容与就业需求关联性不大，无法形成学生主动学习的驱动力；教学方法落后、教学模式陈旧，很少甚至没有调动学生的自主性、主体性、实践性；教师和学生都无法从宏观上充分看到英语学习的即时价值和意义，把语言学习和社会、经济发展剥离开来。因此以培养学生学术书面和口头汇报能力为目标的大学英语课程可以给大学英语改革带来新动力。

其次，可以满足新一代大学生对大学英语课程的需求。大学英语课堂上学生沉默，学习懈怠以及出现课上不学、课后上培训班的现象主要是因为现有大学英语的课程设置和授课方式没能很好地满足新时代学生的需求。90 后的新生代在网络和多媒体环境下长大，他们用于日常交际的英语能力较过去的大学生有很大进步。但是他们的英语应用能力较弱，双语和全英语专业课上听课、要点记录、观点陈述等方面，以及原版教材和专业文献阅读，论文及摘要撰写等方面的语言能力缺失。实施基于计算机和网络的教学模式，强调了培养大学生英语综合应用能力。因此应针对新一代大学生同一时间能承担多重任务，通过感官学习，反馈快速等特点，调整教学定位，为社会培养能熟练使用外语的工程技术人才。

再次，可以推进教师职业化进程。提高人才培养水平，最根本的是提高教师质量；提高大学英语教学质量，最根本的也是提高教师教学水平。尽管近年来大学英语教师队伍建设取得了稳步发展，但这支队伍的业务水平和教学能力还不能完全适应大学英语教学改革的新要求，表现在观念陈旧、教师角色转变等问题上。因此在新课程体系建设的要求下，教师必然要更新观念、转变角色、提高学术水平和教学水平。

第三节　英语教学的本真

本真的课堂教学追求真实与纯洁，站在学生发展的视角，把英语教学与情感教育结合起来，以教师聪明的教育智慧，摒弃消极情感因素，激发积极的学习情绪。课堂不再有压抑、被动、沉闷，而是呈现出民主、和谐、主动、包容、尊重、有趣、健康，教学敞亮、开放，学生能够自主展示自己的个性和能力。

本真的英语教学追求一个朴实自然的课堂境界，是师生真实内心世界的自然流露，教师能够根据对英语教学的理解、感悟和认同以及对所教学的对象的认识，开展知识的彼此接纳、情感的交流与互融，从而课堂自然、从容，焕发出生命的活力。本真的课堂过滤浮躁与虚假，既有师生教与学两个活动在思想和行动上的高度一致，又有教师教学规律和学生发展规律的遵循，还有对学生个体差异的认识与尊重，教学的最终归宿是实现师生生命的共同成长。

我们在教学中经常有这样的体会，小学时候很有英语天赋的学生到了中学英语学习中却又显得比较困难，兴趣受到长期的抑制，不仅导致他们失去学习英语的信心，也给他们的学习心理带来消极的影响，而这种局面的形成恰恰与教师教学中忽视一些不经意的现象有关。

初中学生的年龄特征告诉我们，他们的心理还比较脆弱，面对突然发生的情况缺乏理性的思考。初中学生的英语学习是一个长期而渐进的过程，面对处于心理敏感期的学生，英语教学活动还是要始终坚持尊重、鼓励为主，为他们营造良好的、和谐的学习氛围，让他们能够在愉悦的情境中学习，这样能影响学生一生的学习态度。

本真的课堂是真实、朴实的，它体现了教师智慧和教学素养的统一。实际上，教学中并非学生不愿意与教师互动交流，恰恰相反的是，学生从内心来说都是愿意主动表现自我的，关键是我们的教师是否为他们创造了这样的机会，是否激发了他们的欲望。

一旦学生的交流之门被我们激发而开放的时候，我们应该特别关注对他们的信心的保护，让他们从中感受成功与快乐，从而愿意进一步表达自己的观点或见解。当学生的英语表达正确的时候，我们要适时给予表扬、肯定、鼓励等；在无法用正确的英语表达的时候，可以先让学生用中文的形式记下来，课后再通过查找资料或寻求帮助进行翻译并逐步学会表达，师生利用适当的时间进行互动交流，彼此的心灵发生碰撞，智慧的火花被点燃，甚至交流中所获得的成果也恰好成为导入后续课时的绝佳情境。

我们所追求的真实而纯洁的英语课堂教学，对教学中两个主体来说是互惠互利的，教师获得了探索实践的空间和时间，学生也获得了愉快和自信，彼此实现了教学观念转变与智慧的生成，整个过程成为师生生命共成长的过程。

以我的视界观察世界，世界精彩纷呈。课堂教学生活是世界的一部分，在师生的眼中，它同样因为真实、纯洁而色彩斑斓。本真的英语课堂教学是需要教师对自我教学不断地审视和追求，需要教师对教材不断内化和对教学结构的不断重建，也需要教师对教学对象的真诚解读。

教师的教学活动是有格而不拘泥于一格的创造性活动。在这个过程中，教师始终以本真的人格魅力影响着学生的内心世界，激发着他们以纯真的心灵与教师对话，与教材对话，与生活对话，形成认真、积极的学习态度，并在学习过程中树立信心，形成健全的人格。

第四节　英语变构教学的特性研究

英语变构教学综合了学习者在学习过程中遇到的诸多问题，进而形成了变构教学的语境。这种理论通过复杂性系统思维，运用实证研究的方法，对生成学习与促进学习的条件整体进行预测，对发生学习的动机进行了解释，从而更好地促进学习。

一、概念在英语教学中的广泛性

变构教学的核心是概念体或概念系统，这是学习者进行新知构建的唯一工具和手段。概念体在很多学科中都有意义，例如，在高数上体现为“极限”，在物理中的体现的是“磁场”，而在计算机上体现为“函数”等。在上述的这些学科中，概念体是一个相对宏观的、可控的量，在进行教材的编排时，这些内容都会被编成一个章节或是整个部分进行教学和实验。

然而，英语这门学科是个例外，在英语教学中，教材的编排大都是以某些社会话题为基础的，但教学的重点并不在这些话题上。英语教学的重点通常是放在词汇、语法、句法以及一些口头和书面的表达上，教材上的话题可以用来导课，确切地说，话题只是教学的载体。在这样的教学情况下，每接触一个新词，学习者就要调动一个概念体，从而引起学习者的概念对质。

更何况在一节英语课上，学习者要接触大量的新词汇和新句型，学习的范围更广，导致学生需要在头脑中进行疯狂而强烈的思维活动，这种思维活动使英语课堂的教学随时面临着学习者对概念体的头脑风暴失去控制，导致课堂失控，学习者对学习新知出现恐惧和畏惧的情况。因此，将英语课堂的范围进行合理的限定，并在有效的范围内对学习者的思维进行控制和干预，这是将变构教学应用到英语教学中的有效手段和先决条件。

二、学习者原来的概念具有固执性

变构教学模式在大学的应用较为广泛，大学的英语课堂与初、高中是截然不同的，初、高中阶段的英语学习多是受应试教育的影响较为严重，那种填鸭式的教育将不断地扩充学习者的词汇量、阅读量和写作能力作为教学目标。

学习者受这种传统的学习方法影响较为严重，一时之间很难转变学习思维和方式。现代的英语教学更加提倡学生的自主学习和高效学习，注重培养学生的学习方法和策略。从变构学习模式的角度来看，学习策略也包含在概念体的范畴内，也就是说，在学习者进行语言知识的学习时，要活学活用，将所学的语言知识进行应用，从而将一些学习方法进行内化。

一些学习者在刚步入大学这个专业性学习的场所时，面临着改变自己一直使用的学习方法，去接受新的学习方法，这个过程对学习者来说是巨大的挑战。况且，大学英语开设的课程大都是有助于提升学习者的语言运用能力，还有就是对英语国家的文化和文学进行了解和研究，教师在课堂上的授课方式也大都是侧重英语技能的应用，例如，大学英语写作或阅读课堂上，教师会在课堂上组织学生就某个话题开展辩论赛，或是课前展示等。而很多受传统教育的学习者不能够领悟到这样实施教学的真正意义，还会认为大学的英语课堂根本学不到什么真正的知识，有些学习者会觉得上大学之后自己的词汇量反而不如以前了，等等。

这是学习者对英语学习产生的一种误解，学习者把英语词汇量的增加与语言技能的提升混为一谈，这种思维方式是不正确的。要想将学习者的思维从这种传统的观念中解放出来，就要在变构教学的环境中给学习者创造一种全新的语言使用环境，逐渐构建起以英语知识的运用为最终目标的学习观念。

三、英语变构教学在课堂上应用的局限性

英语变构教学在课堂上应用的局限性主要体现在课堂教学时间的局限性上，英语课堂教学时间短，这是短时间内难以改变的状况。在课堂上，学习者也许刚对某一话题有深入的了解并有兴趣继续了解，课堂的时间就所剩无几了。久而久之，学生的积极性就会下降，而教师就会产生这样的想法，认为课堂只是引导学习者进行学习的过程，而真正的学习还是要靠课下学生自己去学习和积累。

然而，大学的学习涉及的课程较为广泛，学生在课后还要参与各种活动，导致很难保障每个学生在课下主动进行英语的学习。这就要求教学者要变构教学理念，在课堂上充分调整各种教学因素对学习者的概念体进行干预，不仅要保证课堂上学习者的学习效率，还要让学习者将学习的动力持续到课下。除此之外，教学者还要有效地利用有限的课堂时间，课堂上的活动要以学习者的学习能力为依据，并根据具体的教学内容选择适当的学习方法。

例如，在教学中可以采取任务型教学，将学习内容情境化，有利于学习者接受新知，并能将所学的知识运用到实际生活中，真正体现出英语的社交和语言功能。此外，英语变构教学对深入调动学习者的概念系统有一定的要求，促使英语学习者的概念激活性较为长久，能够持续一段时间，方便学习者在课下和生活中学习和使用英语，从而完成知识的凝练。

综上所述，英语学习是一个复杂的、烦琐的过程，而利用变构学习模型能够将学习者在学习过程中遇到的问题和麻烦进行有效的化解和改善。将变构教学模式引进到英语教学中，要考虑到英语教学的实际情况，不能完全地照搬，只有这样，才能将变构学习模式合理地运用到英语学习中，发挥其重要作用。

第二章　大学英语教学改革的方向

第一节　大学英语教学核心要素的特征

以教师为中心的知识传授教学转向以学生为中心的综合应用能力教学模式，既是“本真”的大学英语教学应有的承诺，也是信息技术飞速发展的必然结果。经过10年的快速发展，中国互联网已形成规模，应用走向多元化，人们在工作、学习和生活中越来越多地使用互联网。中国互联网络信息中心统计报告显示，网民规模跃居世界第一位。互联网已经凸显出重要作用，改变了人们获取知识的手段，以其不受时空限制的显著特征，对学校教育产生着十分巨大的影响。

网络工具庞大的信息资源和可接近性使信息流更直接地指向学生，3000多年以来的学校教育中教师与学生的依存关系正在经受严峻挑战，也必将发生根本性的改变。新技术网络工具的介入，使学习者不再像过去那样通过他人的引导获得学校学习机会，学习可以是24/7，即一周7天、每天24小时的学习，超越了时空限制，学习时时刻刻、无所不在。计算机技术日新月异的进步使其功能有了跨越式的发展，在外语教学方面，已远远超出了其辅助功能，逐步占据主导地位。大学英语教学的教材、时间、空间、媒介、学习者、教师等教学中的关键变量都将呈现出全新的特征，预示着大学英语课程教学网络环境的形成。由于网络语言中英语独特的话语权地位和英语学习者得天独厚的语言便利性和可及性，使大学英语课程教学首先受到显著影响。大学英语课程教学中的学习者、教师、学习内容等核心要素被赋予了新的内涵，学习者正在形成一种新的心理空间和认知空间。

同时，教师与学生角色的根本性变化对大学英语教师的课程教学与研究也提出了新的更高的要求，首要的任务是“实现教学理念的转变，即实现从以教师为中心、单纯传授语言知识和技能的教学模式，向以学生为中心，既传授一般的语言知识与技能，更加注重培养语言运用能力和自主学习能力的教学模式的转变”。本节教师为中心转向以学生为中心的“中心转向”主要特征的分析，探讨在网络环境下大学英语课程教学研究中其转变的若干基本假设。

一、教师为中心的大学英语教学模式的局限性

大学英语教学是高等教育的一个有机组成部分。传统上，大学英语课程计划和教学在特定的时期、在一定的循环内部发生、发展，大学英语课堂教学任务的设计和实施以及教学评价的手段和目的，旨在确认教学任务的达标情况；学生未取得主体地位，在学校这个特定的空间被动地接受英语教育，且有一定的修业年限；大学英语课程内容在覆盖范围和编制程序等方面都有硬性规定；评价形式单一，教材、软件、教学辅助设备等教学媒介基本上是线性的和预先决定了的；教师是大学英语教学的主体和中心，是学生学习、获得英语相关知识的最主要的渠道，是“牵引”学生学习。以教师为中心的大学英语教学模式中的教师、学生和教学媒介呈现的相互关系是从教师到学生、从教材到教师与从教学媒体到教师的强交互，而从学生到教师、从教材到学生、从教学媒体到学生则是弱交互。教师除严格按教学要求完成施教的任务外，不能够决定教学目的和教学计划设计。教师在课堂的施教、知识传授主要体现在 Tyler 模式的六步循环之中，即确定自己的课堂教学任务，使学生能够达到教学目标要求，设计课堂教学过程，按教案授课，根据反馈信息重新分析课程和教学方法，以及调整教学方法等。在网络多媒体环境下，这些传统的教学模式、教学内容以及教学方法等都不能够适应新的大学英语教学情境要求。因此，分析网络环境下大学英语教学主要组成要素的特征，构建新的大学英语教学模式成为当下大学英语课程教学改革研究的必然要求。

二、大学英语教学核心要素的主要特征

网络环境下，大学英语课程发展和教学出现了新的特征，在很大程度上不同于传统的大学英语教学模式。计算机网络与外语课程的融合至少取得了外语教学的三大突破，即教材为知识唯一来源、创设理想的外语学习环境和改变传统的教学结构，课程不再是绝对规定性的，教师也不再是学生获得知识的唯一连接点。网络信息量极其丰富，但是零乱无序，不具备传统意义上课程在内容范围和程序编制方面的确定性和良好结构。网络信息直接指向学生，学生成为学习的中心，他们可以“控制”学习媒介和“课程”的程序，可以自主选择学习的时间、地点和内容。学习是非线性的和无连续性的。在网络环境下，大学英语课程教学中的学习内容、教师、学生等主要对象都被赋予了新的内涵。

1. 面向世界知识的学习内容

网络环境下，大学英语学习者接触、学习的内容极其丰富繁杂，远远超出必修课程和选修课程的教材内容体系，而延伸到与学生当下学习主题相关的影像资料以及从网络上获取的各种信息资源。网络信息和世界知识更直接地指向学习者，不再需要中间环节，学习者可以完全根据自己的兴趣、爱好和对自己未来规划的需要自主、自由地选择、重组、再加工。网络所提供的超媒体、超文本信息，以及跨学科、跨时空和面向真实世界的链接，构建起了使学习者走出大学英语课堂、融入社会实际英语使用情境的内容体系，有助于实现学习内容与学生之间的双向强交互（陈坚林，2005：6）。因此更好地体现了大学英语课程兼具的工具性和人文性。从而在结合大学英语课堂教学巩固语言基础的同时，也成为学生拓宽知识领域、了解世界文化的素质教育课程。从构建课程的角度看，为学生的研究性学习、创造性学习和问题解决提供了更为便捷有效的认知工具和认知空间。

2. 主体地位的淡化

随着学习内容的改变，大学英语教师的角色也相应地发生显著变化。与过去直接的语言知识传授、严格监控的教学活动模式相比，教师更应该强调通过设计重大

语言学习任务或问题引导学生学习和提高学生学习的积极性，隐藏或淡出自己的中心地位，帮助学生成为学习的主体，并设计真实、复杂和开放性的语言学习环境与问题情景，诱发、驱动并支撑学习者探索、思考与解决问题的活动。

教师的“中心转向”及其责任之一就是去放弃教学过程中的绝对主导者角色，转向为学生自主学习、自我思考、自我发现的促进者、组织者和指导者，帮助学生理解不断变化的环境和自己，最大限度地激发他们的潜能。以学生为中心，强调用真诚、信任和理解的根本原则，强调学习方法。因此，教师要充分信任学生，对学生的任何具有独立性的思想与感情都应予以认可，相信他们能够充分发挥自己的潜能。尊重和理解学生的内心世界，使学生获得安全感和自信心，获得真实的自我意识。

教师中心地位的隐藏或淡化并不意味着教师中心地位的丧失。相反，在传统教学模式向网络背景下大学英语课程教学转型开始发生时期，借助网络操作简单、功能强大的搜索引擎，教师有了成为学校课程发展领导者的机会。随着越来越多的大学英语教师和大学英语学习者走向“键盘”，大学英语教师有了更为广阔的调用网络资源的发展空间，进而发挥新的教学指导作用：超越时空地以超文本的形式与学生在线直接交流，随时随地帮助学生解决在学习中遇到的各种问题。

根据特定目标和特定学生设计不同的网络课程任务，对学生进行有针对性的“因材施教”。依据问题、兴趣、需要等，整合不同的主题，建立跨学科的联系。引导学生在网上“电子畅游”世界，开阔眼界，以亲身的探索经历构建坚实的图式基础。引导学生通过网络培养阅读、听说、写作等技能，强化批判性和创造性等高级思维能力。将娱乐性、参与性强的网站引入教学内容之中，激励和刺激学生“人机互动”，寓教于乐。在现实的语言体验中内化语言知识，形成并不断提高综合语言应用能力。

3. 学习者主体地位的突显与学习者意义的建构

中外学者历来都十分重视学生的学习，认为学生的学习对于掌握知识、形成技能、发展智力、培养能力、养成品德、塑造人性等具有积极的意义。中国古代关于学习过程最为典型的理论有五阶段论，即“博学之，审问之，慎思之，明辨之，笃行之”（《礼记 · 中庸》）。现代西方学者侧重突出学习者心理在学习中的地位。行为主义的学习理论强调学习刺激与反应的联结，主张通过强化模仿来形成与改变学习者的行为。认知主义的学习理论强调学习是认知结构的建立与组织的过程，重视整体性与发现式的学习。人本主义的学习理论以罗杰斯（Rogers）“以学习者为中心”的学说为代表，强调学习是发挥人的潜能、实现人的价值的过程，要求学生愉快地、创造性地学习。当代的多元智力（MI）理论所倡导的是一种积极的学习观，认为人的智力是由分析性、创造性和实践性三个相对独立的能力方面组成的，绝大多数人在这三方面的表现不均衡，个体智力上的差异主要表现在这三方面的不同组合上。每个学生都有自己的优势智力领域、有自己的学习类型和方法。建构主义学习观认为，每个学生都不应当等待知识的传授，而应基于自己与世界相互作用的独特经验去建构自己的知识并赋予经验以意义。强调学习的积极性、建构性、积累性、目标指引性、诊断性与反思性、探究性、情景性、社会性以及问题定性学习、基于案例的学习和内在驱动的学习等。学习是个体建构自己的知识的过程，以现有的知识经验为基础对新信息进行编码，建构自己的理解，“生长”出新的知识经验，并在信息积累的过程中，不断对新、旧知识经验的冲突引发的观念转变进行结构重组。由于经验背景的差异，学生对问题的理解常常各异，这些差异本身便构成了一种宝贵的学习资源。学习者所需要的更多是可以增进他们之间合作的机会，整合不同的观点，进而促进学习活动的有效进行。

在网络环境下，大学英语学习者所担当的不再是某一种单一的角色，而可以说是上述各种角色的综合。学习者在人格上获得了与教师平等的主体地位，成为能“充分发挥作用的人”，他们在学习上是主动的，不再是被动的刺激接受者，而成为教与学的主体，是信息加工与知识的主动建构者，通过网络媒体创造的学习环境，按照自己的需要调节内容呈现的形式和进度。通过网络工具他们可以有效控制自己的学习过程，在寻求理解的过程中进一步产生新的学习动机，自己决定信息的关联及其程度，要求课文只给出“大观点”的结构，期望情景性的评价机制。随着学习者在大学英语学习过程中独立性、自主性和创造性主体地位的提升，在现实语言的交互中自身的语言知识经验得以有效“生长”，学习者意义也同时得到合理的建构。

三、大学英语教学模式转变的基本原则

网络环境下大学英语课程教学内容、教师和学生的变化，尤其是由以教师为中心向以学生为中心的转变，必然要求对教学方法也应予以重新审视和反思。从源于古希腊苏格拉底和柏拉图的哲学取向的教学理论，到 19 世纪初赫尔巴特现代意义上的教学理论在哲学取向或心理取向的分野，在教学方法上的主张一直是以讲授法为主导地位。讲授法是教师通过口头语言向学生系统地传授知识的方法，包括讲述、讲解、讲演三种基本方式。这种基于知识和以教师为中心的教学方法曾在历史上发挥了重要作用，产生了巨大影响，即使在今天的大学英语课程教学中，仍然在部分地沿用。

当代教学理论在教学方法上对讲授法加以改造，注重学习的心理因素。行为主义的教学方法把刺激—反应作为行为的基本单位，认为教学的艺术在于如何安排强化，程序性教学方法设计严格遵循逻辑程序，目的是保证学生在学习中把错误率降到最低限度。认知主义倡导发现法，强调学习过程、直觉思维、内在动机和信息的加工和提取。人本主义重视教师的促进作用，帮助学生构建意义学习，鼓励学生人人参与、自我发起、自我评价。建构主义要求把所有的学习任务抛锚在较大的任务或问题中，重视学习者发展对整个问题或任务的自主权。建构主义教学方法首先是设计支持并激发学习者思维的学习环境，鼓励学习者根据可替代的观点和背景去检验自己的观点，提供机会并支持学习者对所学内容与学习过程的反思。

上述教学方法都是基于知识传授的方法。随着网络时代的到来，大学英语教学范式的设计需要考虑出现的一系列新的变化：以教师为中心向以学生为中心的转变、单一意义刺激向多意义的转变、单一路径向多路径的转变、单一媒体向多媒体的转变、个人学习向合作学习的转变、知识传授向信息交流的转变、被动学习向互动和主动参与学习的转变、事实记忆向研究性和探究性学习的转变以及孤立、人为语境向真实世界语境的转变等。

对这一社会变革我们不能采取“等等看”的态度。这不是一个网络“是否”会

改变大学英语课程教学的问题，而是“如何”和“何时”改变的问题。“何时”即“现在”。构建大学英语课程教学新的范式势在必行。基于上述分析，大学英语教学“中心转向”几个基本的原则是：学生和教师都将同时成为学习者。大学英语课程教与学的过程将会是互动的和多向的交流形式，而不是单向的知识传递。教学手段是多媒体的。网络将得到更为广泛的应用，学习资源以多媒体的形式呈现，教学手段趋向多元化。学生自己决定学什么和怎么学去构建自己的知识，不再是被动接受式学习。

教师的主要角色将是引导者（guide）、指导者（mentor）和辅导者（tutor），教师应是反思的，而不仅仅是经验型的。学习需要一套基本的学习技能。包括对新技术的应用能力和认知以及元认知技能等。学习环境必须彻底重新构建。大部分学习经历将指向现在或将来，而不再指向过去。学习者考虑更多的将是自己未来的规划，知识的学习和技能的培养与未来有更为密切的关系，并在学习中得到充分体现。对学生的评价应是连续的和发展的，而非一次性和完全标准化的。

为此，大学英语课程教学也应予以重新设计。在网络环境下，以计算机为核心的现代教育技术、教学内容、教师、学生应构成一个生态化的大学英语教学环境，使教师与学生在整合的教学情境中相互作用、相互补充、相互转换，充分发挥教师和学生在教学中的积极作用。当前比较理想的有效教学整合可以设计为下述七种依次由简单到复杂的方法之一或几种方法的组合运用：以事实、表征形式、规则、实践等活动实现知识习得、操作、模型目的的“基于内容的教学方法”；以故事、未知内容作为活动形式实现语言意识、语言兴趣的“基于技能的教学”；以“大观点”、熟悉度、文本组织为教学活动内容实现文本理解、信息联结的“探究教学法”；通过合作活动、小组活动等师生间、学生间互动发展社会技能的“基于概念的学习法”；围绕当前事件设计教学活动内容，达到在不同学科间共享决策目的的“学科间渗透教学法”；针对未来事件拟定教学内容和课堂内外教学活动提高学生分析问题、解决问题能力的“合作学习”；导引学生在接触学习内容时充分自由想象，逐步形成对新知识和表征形式的建构的“批判性 / 创造性思维教学”。

大学英语教学模式的转变，目的是促进大学英语学习者个性化学习方法的形成及其自主学习能力的发展。网络环境对大学英语课程教学的内容、教师、学习者和教学方法等都产生了深刻影响，网络信息更直接地指向学习者，不再需要中间环节，使学习者可以完全根据自己的兴趣、爱好和对自己未来规划的需要自主、自由地选择。实现从以教师为中心、单纯传授语言知识和技能的教学模式，向以学生为中心，既传授一般的语言知识与技能，又注重培养语言运用能力和自主学习能力的的教学模式的转变，大学英语教师更应该强调通过设计重大任务或问题引导学生学习和提高学生学习的积极性，隐藏或淡出自己的中心地位，帮助学生成为学习的主体，并设计真实、复杂和开放性的学习环境与问题情景，诱发、驱动并支撑学习者探索、思考与解决问题的活动。大学英语学习者主体地位的获得，使其由被动的刺激接受走向更加主动的有效学习，去生成自我语言知识，建构自我意义，成为教学的中心。以学生为中心的大学英语教学模式的转变是学习者主体地位得以显现和持续的保障。

第二节　大学英语教学改革存在的问题

2003 年，教育部开始实施“高等学校教学质量和教学改革工程”，大学英语教学改革是其中重要的组成部分。教育部选取 100 所高校作为大学英语教学改革试点，先行先试。2007 年，教育部正式颁布实施《大学英语课程教学要求》(以下简称《要求》)。自此，大学英语教学改革实践在全国各高等学校展开。《要求》指出大学英语课程是大学生必修的基础课程，不仅明确了大学英语课程的地位，而且从教学性质与目标、教学要求、课程设置、教学模式、教学评估、教学管理六方面对大学英语教学实践提出了具体要求。纵观近年来的大学英语教学改革，虽然取得了一定的成效，但也存在诸多争议。本节分析了大学英语教学改革存在的问题及其内在原因，并在此基础上提出进一步深化大学英语教学改革的对策，力图为大学英语教学改革的未来发展指明方向。

一、大学英语教学改革存在的问题及其原因分析

《要求》是各高校开展大学英语教学改革的纲领性文件。各高校要在此基础上根据自身办学特色，制订与之相适应的英语课程体系、课程内容等具体的教学改革实践方案。从各校教学改革实施的方式与效果看，大学英语教学改革存在以下三个主要问题。

（一）大学英语教学改革的方向迷失

当前，大学英语四、六级考试已成为许多高校开展英语教学改革的指挥棒。各大高校从四、六级考试题型和内容中捕捉大学英语教学改革的方向，使大学英语教学沦为应试工具。自 1987 年我国推行大学英语四级全国统一考试以来，四、六级考试的题型进行了多次调整，这种变革与大学英语教学改革是相呼应的，但四、六级考试仍无法全面反映大学英语的教学要求。在四、六级的 100 分制阶段，考试题型侧重语言本身，较少涉及英语应用能力的测试，后期逐步加大英语听说能力测试内容的比重。在 710 分制阶段，不划分及格线，不颁发证书，只发成绩单，突出对听说能力的考查。听力分值由原来的 20% 上升到 35%，阅读部分维持在 35% 的比重，但考查的内容与形式越来越偏向实际应用。四、六级考试只是用于评价学生英语学习效果，衡量学生是否达到大学英语教学目标的能力要求的一种方式，而不应该作为唯一的教学目标。

部分高校出台了“达到四、六级考试及格线的学生可申请免修大学英语课程”的规定。部分中学英语基础扎实的学生进入大学后，只要通过入学后的第一次四级考试就能“免修”大学英语课程，这与《要求》的指导思想背道而驰。《要求》不仅指出大学英语是必修的基础课程，而且建议“学校的学分制体系要体现学生大学英语课程的成绩，保证大学英语的学分占本科总学分的 10%”。为了督促通过四级考试的学生继续修读大学英语课程，有些高校推出六级、雅思、托福英语考试等各种培训班。雅思、托福考试比四、六级考试更注重考查学生语言之外的能力，要求考

生不但要有扎实的语言基础知识,还要有灵活的语言实际应用能力。不可否认,雅思、托福考试已成为评价我国学生英语能力的一种辅助手段,但仍然不能作为大学英语教学的目标。

大学英语教学沦为应试教育的主要原因包括:大学英语教学目标不明确,将培养学生达到四、六级考试的及格线作为大学英语教与学的目标,忽视了学生英语综合应用能力的培养;大学英语教学评估体系单一、不科学,尤其缺乏对学生自主学习、英语实际应用能力的评价,将四、六级考试达到及格线或托福、雅思成绩作为衡量学生英语能力的主要标准。

(二)大学英语自主学习流于形式

《要求》建议变革传统英语课堂教学的“教”与“学”关系,建立以“学”为主、以“教”为辅的新模式,培养学生的英语自主学习能力,并在此基础上,构建个性化的大学英语教学模式。这就要求在英语课堂教学中渗透自主学习模式,通过“自主”的教学方式,逐步提高学生的自主学习能力。显然,这种教学模式的成功需要“教”与“学”两方面的协同作用。一方面,高校必须统筹各方资源,包括英语教师、计算机技术人员与管理人员,搭建基于校园网的英语自主学习平台,为学生提供丰富的线上学习资源;另一方面,学生要充分利用课外时间,开展在线英语自主学习。这里强调自主学习的教学模式并没有充分调动学生自主学习的积极性,未能达到预期的教学目标。究其原因,主要有以下几方面:一是自主学习平台建设滞后,有些高校甚至尚未建立英语自主学习的网络平台;二是自主学习的线上资源有限,主要内容仍是四、六级模拟考试题或雅思、托福考试题,缺乏与英语综合应用能力培养相对应的学习资料;三是学生自主学习的自觉性欠缺,缺乏有效的监督措施和评价手段,单纯依靠学生自觉进行课外网络自主学习难以取得理想效果。因此,构建和利用在线资源,促进学生开展自主学习,以提高英语学习效率是推进大学英语教学改革的难点之一。

（三）英语应用能力培养的措施不到位

《要求》提出大学英语的教学目标是“培养学生的英语综合应用能力”。王守仁调查发现，82.3% 的受访者认为提高学生的英语综合应用能力最重要。严梦娜的问卷调查也得出相同结论，89.3% 的农科学生和 91.6% 的工科学生认为英语学习的主要目的是提高英语应用能力。[①] 遗憾的是，大部分英语教师无法准确描述出到底什么是英语综合应用能力，更不用说采取具体的应用能力培养措施。《要求》中也没有对综合应用能力做出明确定义。有学者认为《要求》对“综合应用能力”概念缺乏明确界定，使各高校对英语综合应用能力的培养无所适从，甚至走入误区。

严梦娜的调查发现，许多高校还没有将《要求》落实到可操作层面，只是在传统课堂教学的基础上，增加了一些自主听说的学习课程。这些自主听说课程由于资源不足与学生自觉性不强，难以取得预期效果，这导致英语综合应用能力的培养流于形式。英语综合应用能力包括哪些内容，如何培养学生的英语综合应用能力，直接牵涉到大学英语课程体系、课程设置等问题。课程体系和课程设置对教学具有引领作用。课程设置不当，英语教学就有可能走弯路、走错路，英语应用能力的培养自然成为空谈。

二、深化大学英语教学改革的对策

（一）明确大学英语教学的目标与任务

不明确大学英语教学的目标，容易迷失大学英语教学改革的方向。《要求》指出，大学英语教学的目标是培养学生的英语综合应用能力、发展学生的自主学习能力与提高学生的文化素养。其中，最重要的是培养学生的英语综合应用能力。大学英语教学要培养包含听说能力在内的综合应用能力，以改变传统“聋哑”英语的被动局面，提高学生的英语交际能力。

① 王守仁 . 英语语言文学与文化研究 [M]. 南京：南京大学出版社，2011.

虽然强调听说能力的培养，但也不能削弱英语其他应用技能的培养。英语综合应用能力包括听、说、读、写、译等多方面内容，除了要重视听说能力的培养，英语阅读能力、翻译能力和写作能力也不可忽视。阅读能力是听、说、写、译等各种能力的前提和基础，是语言知识和文化信息输入的主渠道。在英语听说环境受限的情况下，阅读是人们接触英语最方便快捷的途径。

（二）构建各具特色的大学英语课程体系

大学英语课程体系的设计要立足于学校及学科人才培养的需求，从学校的办学与人才培养目标出发，构建具有各高校特色的大学英语课程体系。在构建大学英语教学课程体系时，要充分考虑学校部分学科发展的需要，采取大学英语教学“四年不断线”的方式，培养高素质、具有国际视野的学科人才。一、二年级主要为学生开设综合英语课程（读写课和听说课），三、四年级主要开设以专业英语或学术英语为主的特殊用途英语课程。特殊用途英语课程是英语基础课程与专业双语课程之间的桥梁。通过特殊用途英语课程，及其后续专业双语课程的教学，使学生顺利地从大学综合英语的学习过渡到英语的专业应用类课程的学习。

不同高校通过构建各具特色的大学英语课程体系，设计“四年不断线”的课程，引领正确的教学改革方向。英语教师要相对固定于一个专业的英语教学，了解相关专业学科背景，积累相关的专业英语资料，向一、二年级学生推荐与专业基础知识相关的英语听力或阅读材料，使学生在双语课程、专业英文学术报告的熏陶下，潜移默化地接受英语应用能力的培养。

（三）深化听说教学改革

《要求》提出“培养学生的英语综合应用能力，特别是听说能力，使他们在今后学习、工作和社会交往中能用英语有效地进行交际”。因此，在教学实践中，要始终按照课程教学的要求，着力提高学生的听说能力。

当前许多高校首选的应对策略是适当增加听力课的课时，有些高校英语读写课与听力课的课时比例达到 1 ： 1。除此之外，各高校应深化听说课程教学的改革。一要贯彻“以说带听、以听促说、听说并举”的课内教学原则。不但要在听力课中强化听说，还要在读写课教学中重视听说训练，实现各种教学场合的听说并举，达到提高学生听说能力的目的。二要合理规划在课外时间实施英语听力的教学。除课内教学外，教师要指导学生在课外时间开展听力训练。实行英语四级考试及格后大学英语免修制度的高校，可组织免修学生开展自主听力学习。一方面教师要为学生提供课外听力材料；另一方面要进一步完善英语网络自主学习平台，为学生的课外听力训练创造条件。

（四）培养学生自主课外阅读的习惯

阅读优秀的英语文学作品，可以提高学生的英语实际运用能力。在非英语专业学生中开展课外阅读英语文学作品的训练，充实学生英语阅读的“内容图式”，将对学生英语综合应用能力的培养发挥基础性作用。

国内部分高校利用网络自主学习平台，开展学生的英语课外阅读教学实践，但效果不甚理想。课外英语文学作品阅读教学应重视过程性评价。一要以学生为主体，在学生理解作品内容的基础上，教师阶段性利用读写课的教学时间，进行互动交流。师生互动、平等参与的生动情景和各种有趣的竞赛活动能提高学生的阅读兴趣，让学生认真品味和欣赏英语文学作品，避免学生对英语文学作品阅读产生抵触情绪。二要制定合理的英语文学作品阅读分级教学目标。教师要根据英语文学作品的难易程度，分配相应的阅读分值，引导学生根据自己的英语基础选择不同分值的文学作品进行阅读。教师要分阶段对一、二年级学生的英语文学作品阅读进行评估，要求学生每个学期完成一定量的文学作品阅读任务；对三、四年级学生实行英语文学作品阅读奖励制度，每学期根据学生的阅读分值进行奖励，逐步培养学生自主阅读英语文学作品的习惯。

综上所述，高校英语教师要以《要求》为纲领，以学校的办学定位和学科建设为服务对象，精心设计大学英语课程体系，构建合理的课程设置，引领正确的教学方向。同时要分析当前英语教学改革面临的问题，主动求变，采用“四年不断线”的做法，在强化听说训练的基础上，将大学英语的教学延伸到学生的专业学习，促使学生顺利地从普通英语学习向专业英语课程、专业双语课程学习过渡，逐步提高学生的英语综合应用能力。

第三节　大学英语教学改革的方向

2003 年教育部启动的大学英语教学改革已走过 20 个年头。在这期间，大学英语的教学目标从“培养学生较强的阅读能力和一定的听、说、写、译能力”转向“培养学生的英语综合应用能力，特别是听说能力”；教学模式“从单一的教师讲授”转向“基于计算机网络的多媒体教学”。这一改革对提高学生的听说能力、培养学生的英语综合应用能力起到了积极的作用。但是，随着大学新生入学英语水平的提高以及高等教育国际化的普及，大学英语教学内容的改革成为人们关注的焦点。一些学者纷纷呼吁 ESP（专门用途英语）应该成为我国新一轮大学英语教学改革的方向。他们的论点明确、论述充分，令人信服。但是，其中也出现了范畴不一、术语混乱等问题。这些问题如果不厘清，有可能影响 ESP 教学与研究在国内的发展，给大学英语教学带来负面的影响。鉴于此，本节试图对 ESP 与大学英语教学的关系做进一步的探讨，对 ESP 能否成为大学英语教学的方向做进一步的论证。

一、ESP的概念、特征和目的

ESP 是 English For Specific/Special Purposes（专门用途英语）的缩写。中外学者对于 ESP 的概念有不同的表述。

最早提出 ESP 概念的英国学者 Halliday 认为：“ESP 是公务员的英语、警察的英语、法官的英语、药剂师和护士的英语、农业专家的英语、工程师以及装配工的英语。”[①] 英国学者 Mackay 认为：“ESP 是指有明确实用目的的英语教学，这种目的和职业要求紧密相连。”[②] 英国学者 Tom 和 Alan 认为：“ESP 作为一种语言学习方法，其教学内容和教学手段都取决于学习者的目的。”英国的 ESP 研究专家 Hutchinson & Waters 认为：“ESP 是指与某种特定职业或学科相关的英语，是根据学习者的特定目的和特定需要而开设的英语课程。”[③] 国内著名 ESP 教学专家卢思源认为：“ESP 是应用语言学的一个分支，它是指专为科技人员和商贸工作者的某些特殊需求而设计的英语教学方法和教材。”[④] 冯建中认为：“ESP 是指与某种特定职业或学科相关的英语，例如，警察英语、护士英语、科技英语、商务英语、医学英语、法律英语等。”[⑤] 学者任荣政和丁年青认为：“ESP 是指与特定职业或学科相关的英语，如法律英语、医学英语等。”[⑥]

尽管以上学者对 ESP 概念的表述不完全相同，但是我们可以从中归纳出两个共同特征：（1）ESP 和某种职业或学科紧密相连；（2）ESP 的学习者有明确的目的。

1985 年 4 月，ESP 教学专家 Peter Strevens 在斯里兰卡 ESP 国际研讨会上曾指出，ESP 有四个根本特征（absolute characteristics）和两个可变特征（variable characteristics）。ESP 四个根本特征是：（1）需求上，课程设置必须满足学习者的特定需求；（2）内容上，与特定学科或职业相联系；（3）语言上，适合相关专业或职业的句法、词汇和语篇等；（4）与通用英语（EGP）形成对照。ESP 的两个可变特征是：（1）可以只限于某一种语言技能的培养（如阅读技能或口语交际技能）；（2）可以根据任何一种教学法进行教学。

综观国内外学者有关 ESP 的概念，不难看出，ESP 是一种行之有效的教学途径，

① （英）韩礼德（M.A.K Halliday）. 功能语法导论 第 3 版 [M]. 北京：外语教学与研究出版社；霍德·阿诺德出版社，2012.

② （英）麦凯（D.J.C. Mackay）著；肖明波等译 . 信息论、推理与学习算法 翻译版 [M]. 北京：高等教育出版社，2006.

③ （美）哈奇森（S.E. Hutchinson）. 信息技术与应用导论 第 7 版 英文 [M]. 北京：高等教育出版社，2001.05.

④ 卢思源 . 英语难句辨析 [M]. 福州：福建教育出版社，1981.

⑤ 冯建中 . 口译实例与技巧 [M]. 上海：书海出版社，2007.

⑥ 任荣政 . 专门用途英语一体两翼教学体系构建 医学院校视角的研究与实践 [M]. 长春：吉林大学出版社，2021.

它是以应用语言学的理论为依据，以学生的特殊需求为出发点制定教学目标、教学内容和教学方法，其目的是培养和提高学生在所学专业领域用英语进行学习和交流的能力，在所从事的行业里用英语从事工作和沟通的能力。说得直白一些，就是培养学生用英语完成任务的能力，突出英语的工具性。

二、ESP的分类

根据不同的标准，ESP 有不同的分类法。目前国际上比较著名的是 Jordan 根据使用目的所做的两分法和 Hutchinson & Waters 依据学科门类所做的三分法。

Jordan 按照使用目的把 ESP 分为以满足职业需求为目的的职业英语（EOP）和以学术研究为目的的学术英语（EAP）。学术英语又进一步分为通用学术英语（EGAP）和专用学术英语（ESAP）。而 Hutchinson & Waters 则是按照学科门类把 ESP 分为科技英语（EST）、商务英语（EBP）和社科英语（ESS）三大类。它们又分为职业英语（EOP）和学术英语（EAP）。很显然，Jordan 的二分法较三分法更为简洁。

国内学者在 ESP 的分类上分歧很大，有的甚至截然相反。蔡基刚、冯建中、李建平都赞同 Jordan 的两分法。文秋芳虽然采用三分法，但是她的三个分类是：职业英语（EOP）、学术英语（EAP）和学科英语（EDP）。而王丽娟的分类则截然相反，她认为，通用英语（EGP）和专门用途英语（ESP）都归属学术英语（EAP）；夏纪梅认为，商务英语（EBP）、职业英语（EOP）、科技英语（EST）、某专业英语（E…P）等，其实这些都属于学术英语（EAP）。①

此外，国内学者对 ESP 一些术语的翻译也不一致。2010 年，蔡基刚把 EGAP、ESAP 和 EOP 分别译为“学术英语”“专业英语”和“行业英语”，并把这三门课程合称为 ESP“专门用途英语”。在同一年的另一篇文章中，蔡基刚又把 ESP 译为“学术英语”，把 EAP 译为“一般学术英语”。2012 年，蔡基刚把 ESAP 译为“特殊学

① 文秋芳主编 . 英语口语测试与教学 [M]. 上海：上海外语教育出版社，1999.

术用途英语”。2014 年，蔡基刚把 EAP 译为“学术英语”，把 EGAP 和 ESAP 分别译为“通用学术英语”和“专门学术英语”。[①] 夏纪梅把 EGAP 译为“通用性学术英语”，把 ESAP 译为“专业性学术英语”。[②] 文秋芳把 ESP 译为“专用英语”，而且还提出了一个“学科英语”的概念，并解释说“学科英语”更适合由专业课教师负责，例如，生物英语、计算机英语、化学英语等。中国战略研究中心的沈骑则把 EAP 译为“学业英语”。[③] 由此看来，国内学者在 ESP 的分类和术语的翻译上还存在着很大分歧和混乱。这些分歧和混乱必然会影响 ESP 教学与研究在中国的发展，影响大学英语教学目标的实现。

那么到底应该怎样翻译这些术语？按照什么标准对 ESP 进行分类？我们认为学术界应该在这些术语的翻译上达成共识，统一名称。翻译的原则应该是：保留原有约定俗成的译名，新出现术语的翻译在简洁、达意的前提下以多数学者认可的译名为准。我们的译文如下：

EGP（English for General Purposes）：通用英语

ESP（English for Specific/Special Purposes）：专门用途英语

EOP（English for Occupational Purposes）：职业英语

EAP（English for Academic Purposes）：学术英语

EGAP（English for General Academic Purposes）：通用学术英语

ESAP（English for Specific Academic Purposes）：专用学术英语

从文秋芳对“学科英语”的解释来看，她提出的“学科英语”就是传统的“专业英语”，我们译为 SBE（Subject-Based English）。

如上所述，不同的标准导致 ESP 的不同分类。如果从纯学术研究的角度对 ESP 进行分类，分类越细越好，因为只有这样才能把不同语体、不同类别英语的特点研究透彻，辨别清楚。但是从大学英语教学的角度来看，我们认为不宜分得过细，应该按照目的性、简洁性、可操作性三个标准对 ESP 进行分类。目的性是指分类要有

① 蔡基刚 . 学术英语课程大纲与评估测试 [M]. 上海：上海交通大学出版社，2018.

② 夏纪梅 . 外语教师发展的知与行 [M]. 上海：上海教育出版社，2012.

③ 沈骑 . 商务英语口语教程 [M]. 北京：北京交通大学出版社，2008.

利于大学英语教学目的的实现；简洁性是指分类要简洁明了，清楚易懂；可操作性是指分类要切实可行，易于操作。

我们这样分类的依据是1999年制定的《大学英语教学大纲》(以下简称《教学大纲》)。《教学大纲》虽然没有明确提出ESP这一概念，但却在教学要求中体现了ESP教学的内容，规定学生在高年级必须修读“专业英语”，即ESP课程。职业英语（EOP）本节暂不做讨论。我们没有把ESP中的“学术英语”再细分为“通用学术英语”和“专用学术英语”的理由如下：

1. 理论上缺乏依据

国内学者把学术英语（EAP）分为通用学术英语（EGAP）和专用学术英语（ESAP)。其根据是国际上颇有争议的“ESP语言共核理论”。该理论的倡导者认为“在不同学科中使用的语言具有共同的推理和解释过程，存在一种既有科学性但又不属于任何专门学科的语言共核”。他们主张打破专业界限，以ESP交际的一般规则和通用技巧为主要授课内容。反对“ESP语言共核理论”的学者则强调，即使是报告、讲座等常见体裁在不同学科环境下也具有显著的表达差异，因此提倡更有专业性、针对性的ESP教学。而学者Hyland利用语料库数据最终证明后一种观点是正确的。各个专业都有自己独特的知识体系和专业术语。即使一个“共核词汇”，在不同的专业中，其词义也大不相同。所以我们认为，各学科共有的“ESP语言共核”实际上是不存在的。如果存在，它和“通用英语”的分界线又在哪里？“通用英语”和“专门用途英语”之间的分界线都难以把握，正如Anthony所言：“Clearly the line between where General English courses stop and where ESP courses start has become very vague indeed, and however, it can be inferred that in ESP teaching, more attention is given to the need analysis.”那么，“通用学术英语”和“专用学术英语”之间的分界线就更难辨析了。

“通用学术英语”侧重各学科英语中共性的东西，即培养学生在专业学习和研究中所需要的学术英语口语交流能力和学术英语书面交流能力；“专用学术英语”侧重特定学科（如医学、法律、工程等学科）的词汇语法、语篇体裁以及工作场所英语交流策略和技能的培养。根据“通用学术英语”和“专用学术英语”的定义并着眼于大学英语教学，我们认为，应当把“通用学术英语”归属“通用英语”，因为“通用英语”已经包括了“通用学术英语”的内容；应当把“专用学术英语”归属“专业英语”，因为任何一门专业英语课程都是从易到难、从简单到复杂、从初级到高级循序渐进的。而且，一般的专业英语教材也会介绍本专业英语的词汇、语法、语篇等特点。

2. 实践上难以操作

即使“学术英语”分为“通用学术英语”和“专用学术英语”在理论上是存在的，在实际教学中也是难以操作的。有些学者明确表示，大学里的 ESP 教学主要是“学术英语 EAP”。而“学术英语”教学主要是指“通用学术英语 EGAP”，即培养学生学术英语交流能力，如用英语听讲座和记笔记的能力，搜索和阅读文献的能力，撰写文献综述、摘要和小论文的能力，以及表达信息的陈述演示能力等。由此推理，大学英语教学的主要内容是“通用学术英语”，而不是“专用学术英语”。那么，是不是学习了“通用学术英语”之后，学生就可以阅读专业英语了？如果不行，我们是否还要给学生开设“专用学术英语”？在课程设置上开展两个学术英语——学术英语 1（通用学术英语）和学术英语 2（专用学术英语），这显然是很难操作的。即使著名英语教育专家文秋芳也回避了这个问题，她在《大学英语中通用英语与专用英语之争：问题与对策》一文中说，本节中所用“学术英语”等于《上海参考框架》中的“通用学术英语”，不包括“专用学术英语”。[①] 上文谈到，文秋芳对 ESP 的分类只到“学术英语”这一级，没有再细分为“通用学术英语”与“专用学术英语”。从大学英语教学的角度看，她这样做肯定是有其道理的。实际上，通用学术英语的教学内容完全可以融入通用英语教学。通用学术英语的“阅读学术文献能力”可以通过通用英语的阅读课来培养，通用学术英语的“撰写论文能力”可以通过通用英语的实用写作课来培养。

① 文秋芳. 大学英语教学中通用英语与专用英语之争：问题与对策 [J]. 外语与外语教学，2014（1）：1-8.

其实，在教学实践中是教授“通用学术英语”还是“专用学术英语”，是各国EAP实践者们长期争论不休的问题。Jordan本人1984年曾试图用经济学专业英语教材教授学生，但以失败告终。因为他发现这些ESP学员的专业知识虽然达到了一定的水平，但他们的英语水平却仍不高，从而影响了EAP教学。此外，EAP课堂的学生通常来自不同的专业，任何一门专业的教材都很难适合所有学生的需求。

三、ESP教学能否成为大学英语教学改革的方向

要回答“ESP教学能否成为大学英语教学改革的方向”这一问题，首先要明白ESP教学能否帮助我们实现大学英语的教学目标。那么，大学英语的教学目标是什么?

1999年颁布的《教学大纲》指出：大学英语教学的目的是培养学生具有较强的阅读能力和一定的听、说、写、译能力，使他们能用英语交流信息。大学英语教学应帮助学生打下扎实的语言基础，掌握良好的语言学习方法，提高文化修养，以适应社会发展和经济建设的需要。

2007年颁布的《大学英语课程要求》指出：大学英语的教学目标是培养学生的英语综合应用能力，特别是听说能力，使他们在今后学习、工作和社会交往中能用英语有效地进行交际，同时增强其自主学习能力，提高综合文化素养，以适应我国社会发展和国际交流的需要。

大学英语课程不仅是一门语言基础课程，也是拓宽知识、了解世界文化的素质教育课程，兼有工具性和人文性。工具性要求与专业相结合，培养学生专业英语的综合应用能力。人文性帮助学生了解西方文化，开阔视野，扩大知识面，加深对世界的了解，借鉴和吸收外国文化精华，提高文化素养。由此看来，大学英语教学有两大目标：(1)帮助学生打下扎实的语言基础，提高文化素养；(2)培养学生的英语综合应用能力，为社会发展和国际交流服务。第一个目标的实现有赖于通用英语教学，而第二个目标的实现有赖于专门用途英语教学。所以，我们认为大学英语教学

改革的方向既不是通用英语，也不是专门用途英语，而是“通用英语 + 专门用途英语“。理由如下：

1. 专家们的意见

很多外语教育专家都认为，通用英语和专门用途英语是相辅相成、相得益彰，共同构成大学英语教学的内容。EGP 教学是基础，ESP 教学是提高。只要打好了坚实的 EGP 基础，ESP 的学习效率就会大大提高。反之，如果通用英语的基本功不过硬，只熟悉了一些专业术语，专门用途英语也很难学好。

章振邦认为:“专业外语必须建立在普通外语的基础上，否则就会成为无源之水，无本之木。学好普通英语是掌握专业英语的必要条件。”① 熊德輗说:“学习英语没有任何捷径可走，老想找捷径的人是永远学不好的，要想学好必须定下心来打一场持久战。不要忙于对口（学专业英语），如果基础没有打好，甚至还没有入门，想学好专业英语是绝对不可能的。”② 戚雨村指出:“随着科技创新的深入开展和国际交流的日益频繁，科技人员参加国际学术会议，用英语撰写和宣读论文，到国外听课、讲课以及合作进行科学研究的机会不断增加，公共英语结合专业英语的势头是不可阻挡的。”③ 卢思源说:“ESP/EST 是一种应用英语，应该与‘通用英语’享有同等的地位，并与之一起构成我国外语教学与研究的主流。”④ 文秋芳说:“笔者主张每所高校向学生提供包括通用英语与专用英语两个板块的大学英语教学体系。”⑤

2. 有利于培养既懂专业又通外语的社会主义建设人才

EGP 教学是以教授一般语言技能为目的的课程。其目的是培养学生扎实的语言基本功，掌握英语的“语言共核”，为专业英语学习做准备，提升学生的人文素养，扩大学生的知识面，帮助学生树立正确的人生观和价值观。而 ESP 教学则是学习者在某一专业或职业上使英语知识和技能实现专门化的应用性课程。将专业知识学习与语言技能训练融为一体，具有较强的针对性和实用性，有助于培养学生的英语综

① 章振邦 . 通用英语语法 [M]. 上海：上海外语教育出版社，2001.

② 熊德輗等 . 全国公共英语等级考试教程 [M]. 北京：高等教育出版社，1999.

③ 戚雨村等 . 语言学引论 [M]. 上海：上海外语教育出版社，1985.

④ 卢思源 . 英语难句辨析 [M]. 福州：福建教育出版社，1981.

⑤ 文秋芳 . 英语口语测试与教学 [M]. 上海：上海外语教育出版社，1999.

合应用能力，尤其是在自己的专业领域用英语进行交际的能力。ESP 与 EGP 并不是相对立的两个部分，而是紧密相连的，ESP 培养学生的学术素养，EGP 培养学生的人文素养。在整个英语教育体系中，它们是为同一个教学目标而构建的两个层面，是一个语言连续体的两端。事实上，两者都具有词汇、句法、语篇等层次上的语言共核部分。两者在时间上有先后，在内容上却相互融合。所以，大学外语教学只有把 ESP 教学和 EGP 教学有机地结合起来，才能培养出大批既懂专业又通外语的社会主义建设人才。

3. 有利于纠正大学生人文素质下降的趋势

当今科学技术的发展越来越迅速，专业分工越来越细，尤其是进入网络时代，知识和资讯爆炸性增长，客观上要求人才要从“广而泛”转向“专而精”。从国家和社会发展层面看，中国作为一个后发新兴经济体，建设与发展任务十分艰巨，亟须大批各行各业的专业人才，以服务于富国强民的国家战略。高等教育逐渐从原来的“精英教育”转变为今天的“大众教育”。“大众教育”需要紧密结合社会实践和市场需求。所以很多高校都是以市场为导向培养学生，只注重专业性学习，希望学生在较短的时间内习得具有胜任力的专业知识，忽视通识教育，导致学生的人文素质下降。要纠正大学生人文素质下降的趋势，作为高等教育重要组成部分的大学英语教育必须融合 EGP 教学和 ESP 教学。两者在培养人才方面发挥着不同的、不可替代的作用。

上文指出，ESP 课程注重培养学生的工具性。而 EGP 课程注重培养学生的人文性。EGP 教育本身不是一个实用性、专业性、职业性的教育。从功利主义的角度看，EGP 教育除了考试，似乎毫无用处。EGP 教育不仅是一种培养学生英语语言基本功的教育，更是一种人本教育，它会使人活得更明白、更高贵、更有尊严，强调培养的是全人而不是工具人、手段人，旨在引导学生形成正确的世界观、人生观、价值观。所以，EGP 教学有利于纠正大学生人文素质下降这一趋势。

新一轮大学英语教学改革在培养学生的口语交际能力方面取得了一定的成就，但同时也忽视了对学生在专业领域里英语应用能力的培养。正如蔡基刚所言：“2004

年和 2007 年的《要求》简直是大倒退，专业英语几乎没有位置。”[①] 所以，这场改革受到不少学者的批评。这些学者倡导用 ESP 教学代替大学英语教学。但矫枉不能过正，本节在分析、研究、总结学者们相关研究成果的基础上，进一步探讨了 ESP 教学与大学英语教学的关系，论证了我国大学英语教学改革的方向。文章认为，用 ESP 教学完全代替大学英语教学是不合适的。我国大学英语教学改革的方向应该是“通用英语（EGP）+ 专门用途英语（ESP）”。

第四节　大学英语教学改革的趋势

一、教育信息化趋势下的大学英语教学改革

经过近年来的发展，教育信息化已在国内高等教育界掀起了教育变革的浪潮，并必将使教育教学理念、教学方式方法、教学资源配置、教学管理体制等方面产生剧烈的变革，推动高等教育的重塑。席卷全球的“慕课”、国家精品开放课程、“微课”等，都是对传统高等教育的冲击和挑战，基于网络平台的优质学术资源可方便地传播和共享，促进了教育公平及教育均衡发展，降低了教育时代的“马太效应”。

那么，如何把握教育信息化趋势下的大学英语教学改革，是我们亟待思考的问题。

（一）信息化趋势下的大学英语教学改革

随着信息化在全球范围内的迅速扩展，以及信息技术在教育领域的广泛应用，教育信息化已经成为教育发展过程中的一场深刻变革。

从教育教学过程来看，教育信息化在高等教育方面主要推动了以下几方面的变革。

① 蔡基刚 . 学术英语课程大纲与评估测试 [M]. 上海：上海交通大学出版社，2018.

一是信息技术的支撑。信息技术在教学过程的融入，让教学的方式方法发生了深刻的变革，如多媒体教学、网络教学、数字化教学等多样化的教学方式的出现，使信息化成为高等教育育人过程的基本条件。

二是教育理念的创新。信息化推动了教学模式和教学的方式方法的改革，对整体的教育教学过程都产生了深刻的影响，比如，课程组织、管理方式、评价体制、激励机制等方面都需要重新架构。

三是实现教育的个性化。信息技术在教育领域的介入和信息化教学平台的应用，使传统的难以实现的教学管理组织和要求成为现实。面对知识水平参差不齐的学习对象，大学可以通过信息化手段实现学生学习层次的分类，进而开展个性化、模块化教学。

高等教育教学信息化是教育信息化工作的核心，是关系到高等学校教育教学改革的关键环节，促进高校信息技术与教育教学的深度融合已成为现阶段教学改革的主要趋势。

这一趋势下的主要工作就是围绕应用信息技术手段创新人才培养模式和课程教学模式，研究建立信息化教学中针对学生的学习评价机制和针对教师的教学评价与激励机制，以及推动高校基于信息技术的“跨校选课、学分互认”、课程共享机制建设和激励优质课程资源共享等。从外部环境来看，经济社会发展对大学的人才培养需求和学生的个性化学习要求，使高等院校必须在新常态下着力把握教育信息化趋势下的大学英语教学改革，顺势而动，大胆探索，从基于信息化环境的校内公共课程内容建设、教学模式建设、评价机制建设等方面入手，结合教学实际，打造适合自身的信息化教学新模式。

（二）教育信息化趋势下大学英语教学模式的发展及现状分析

1. 大学英语教学模式的发展

在教育信息化的推动下，大学英语教学改革也进行了努力创新与尝试，基本的教学模式主要经历了计算机辅助大学英语教学、网络架构的大学英语自主学习平台、信息技术与大学英语课程教学深度融合三个发展阶段。

（1）计算机辅助大学英语教学模式

现代信息技术的发展为大学英语的教学改革提供了良好的契机。如今几乎所有的高校都实现了计算机辅助教学，计算机辅助教学强调计算机是教学的“辅助工具”，虽然能将课堂内容通过多样化的内容形式展示出来，但学生仍被认为是知识的灌输对象，是被动的接受者，教学内容也往往不离教材。这种教学模式将多媒体教学引入英语课堂，改变了过去教师加黑板的传统单一的课堂教学模式。从本质上讲，该教学模式在大学英语教学方面并未能发挥显著的效果，也和以往的教学模式大同小异，并且单一的“填鸭式”教学模式已经完全不能满足现代教育及社会的需求。

（2）网络架构的大学英语自主学习平台

近年来，许多学者强调将建构主义理论运用于高等教育，建构主义理论认为，知识不是通过教师或外界传授而得到的，而是在一定的情境下，借助其他人（教师或学习伙伴）的帮助，利用学习资料，由学习者自己完成对知识的构建。它认为教师和学习者同等重要，同时肯定教师的主导作用和学习者的主体地位。

基于建构主义理论，网络架构的自主学习平台逐渐成熟并走进高校。此类平台要有一定的硬件作为基础，由资源库、学习平台、学习工具、考试测评、讨论区等模块组成。这种学习模式似乎颠覆了传统的教学模式，突出了学生的主体地位，学生由被动的“接受者”变成了学习旅程的“驾驭者”。

但同时也不能忽视教师在学生自主学习过程中的引导和监督作用。首先，平台有一定的课程设置，学生必须在完成基础学习并通过测评后才能进入更高一阶的学习；其次，平台有一定的自动监督机制，如学习满 4 分钟才能开始测试、5 分钟没有学习状态计时会停止等防止学生刷课的现象。同时，学生可组成不受地理位置限制的小组共同讨论并完成学习任务。最重要的是，教师可进入教师平台，掌握学生的学习情况，并根据每个学生的不同情况，下达下一部分的学习任务，处理学生在学习过程中出现的问题，并可公开辅导、解答共性问题。同时还可统计评估整个年级学生的学习数据，作为进一步深入学习的依据。

这种自主学习模式通过构建特定的学习环境，学生根据自己的特点和学习兴趣主动地选择学习时间、学习方法，组织学习过程，提高英语听说及运用能力，这种自主学习方式是以“快乐学习、终身学习”为最终目标的。

（3）信息技术与大学英语课程教学深度融合

在如今信息量巨大、新技术不断涌现、日新月异的社会变迁中，大学英语教学也在不断改革中完善并步入了信息技术与课程深度融合的阶段。基于互联网和校园网的多媒体教学模式强调个性化教学与自主学习，学生可根据教师的指导及自己的特点、水平、时间、学习方法等，通过自主学习室的学习软件和校园网大学英语教学平台中的“英语资源库系统”和“教学 / 学习管理系统”，实现非定时、多地点的学习，即学生可以选择适合自己水平的学习内容、选择适合自己的学习时间，并根据自己的学习方法，在校内自主学习室、电子阅览室、图书馆或寝室随时随地进行学习，并能及时了解自己的学习进度，得到相关信息反馈，调整后续学习策略，达到最佳学习效果。在教学应用方面，部分课程真正利用网络教学辅助平台，构建了网上学习、课堂讨论、社会实践三位一体的信息技术与教学深度融合模式。

2. 大学英语教学改革现状

英语语言素质是人才培养国际化的必然要求。近年来，国内大学按照教育部最新的《大学英语教学基本要求》开展了不同程度的改革，亦初步取得了一些改革成效。但是随着高等教育办学的日益开放、人才素质要求的提升以及“互联网 +”对传统教育形态的颠覆，大学英语已有的教学模式尚存在一些深层次的矛盾，如分级分类教学的改革深度不够、“四级”后教学模式的钝化、个性化教学的缺乏等。

从国内大多数高等院校大学英语改革现状来看，分级分类教学在传统教学模式中占有主导地位。然而分级分类的缺陷是改革的深度还不够，这种教学组织方式只是按高考分数高低和专业差别进行粗略划分和开展教学。如西北大学作为一所地方综合性大学，学科门类齐全，生源遍布全国各地。为了改革试点验证成果具有代表性、客观性、有效性及可行性，便于将来在全校全面推广实施。经过论证后的实施方案是在不同层次（普通本科、基地班）、不同学科（文、理、工）、四个院系（法学院、信息学院、化学材料与科学学院和地质系）进行改革试点，学生共约 300 人，从 2004 级大学一年级开始试点。从实验结果来看，传统教学模式下的分级分类教学依然不能调动教师教学与学生学习两方面的主动性，而且不同专业的差别较大。

“四级”后教学问题也是当前大学英语教学长期困惑的改革瓶颈，是现有教学模式所解决不了的。大学英语第四学期（“四级”后）教学存在的问题是：通过四级考试的学生学习动力不足，学生到课情况较差，由于未能建立相应的考核机制，教师对学生缺乏教学过程的约束力。这个问题影响了正常的教学秩序，同时也是长期困扰大学英语任课教师的问题，在一定程度上挫伤了教师的教学热情和积极性。同时，面临大学生出国留学、学习深造、创新创业等方面的迫切需求，现阶段的大学英语教学没有从根本上实现个性化教学，课堂教学依然是以大班教学为主、以教师为中心，并没有实现学生学习的个性化定制。

基于现有教学模式和教学过程中的这些深层次问题，需要考虑如何把握信息化趋势和“互联网 +”的改革态势，做好面向大学生的大学英语教学改革，即如何把学生分层次、设计灵活的学习机制、实现学生的个性化学习需求等。

（三）基于信息化的分层次教学模式的改革

1. 大学英语分层次教学模式的构建

大学英语分层次教学在国内高等教育领域已有一定的理论与实践基础，如今已成为大学英语教学改革的主要趋势。分层次教学是被很多大学实践的大学英语教学模式，只是各个高校的分层模型不尽相同。最初采用的是按照学生入学成绩分层，并且大多采用流动层级的教学模式：即入学成绩高的采用高阶教学，其余则次之，同时根据本阶段的考核结果决定下一学习阶段的学习层次。这样的分层教学模式给学生造成了一定的负面心理影响，尤其是被分到“条件较差”班级的学生会产生一定的抵触情绪，不利于教学的进行和人才的培养。

近年来，随着高等教育的快速发展和大学英语分层次教学模式改革的日益深入，单纯以高考入学成绩分层的教学模式已经不能满足社会需求和学生自主学习要求，大学英语教学逐步考虑从多方面、多角度因素对大学英语进行分层。主要有以下几方面：一是不同学科专业对英语的要求程度不同；二是不同专业学生将来就业后所从事的行业对英语的需求不同；三是学生基于自身兴趣对英语的爱好程度不同。现有研究与实践证明，考虑以上诸多因素的英语分层次教学能有效减少英语教学的盲目性，提高教学效率，节约教学资源，调动师生的积极性，对培养国际化的高素质创新人才具有与时俱进的重要作用。

根据教育部《要求》，大学阶段的英语教学分为一般要求、较高要求和更高要求三个层次。分层次教学就是根据学生的英语基础、学习能力、兴趣特点、专业方向以及将来有可能从事的行业要求等因素，设计不同的教学目标、制定教学方法，有针对性地对不同层次学生进行相应的学习指导，使每个学生在英语学习方面都能达到最佳效果。在我国古代，就是所谓的因材施教，而如今则是在“因材施教”的基础上，同时关注社会对人才的个性化需求。

2. 信息化与分层次教学改革实践

在教育信息技术推动的变革浪潮下，以及结合我国大学英语重要转型的契机，应试教育应向多样化应用型教育转化，基础英语教学将向专门用途英语（ESP）转移，为更好地拓展专业知识做好准备。大学英语分层次教学模式改革具备了深度蜕变的改革要素。针对学生的个性化培养和个性化需求，如何建立信息化平台的大学英语分层模型标准变得尤为重要。西北大学结合已有的教学改革经验，围绕“模型构建—平台搭建—兴趣驱动”的改革理念，逐步推进大学英语分层次教学模式改革。

为适应社会经济发展对人才培养工作的要求，逐步建立与研究型大学相适应的本科人才培养体系，培养具有国际视野的高素质创新人才，学校出台了《西北大学关于修订本科人才培养方案和指导性教学计划的意见》（2013 年）。新方案提出了“大学英语分层次改革方案”，着眼于在新时期内有所创新和突破，使大学英语课程具有更大的灵活性、选择性和开放性。大学英语教学在注重打好学生语言基础、培养学生英语综合应用能力的基础上，提高学生的综合素质，成为具有国际视野的高素质创新型本科人才。现阶段，西北大学新的本科人才培养方案已于 2014 年全面施行。大学英语教学主要在通修课程的基础上，强化应用性课程，同时结合网络自主学习，将课程分为通修课程、高阶课程、特色课程三种类型，推动大学英语教学和学生学习的个性化发展，学校将大学英语分为四个层次，其中层次一、二为全校必修课，层次三、四是各专业根据需要任选模块，分为高阶课程和应用课程，包括报刊选读、影视欣赏、演讲与辩论、英美政治文化、TOFEL、IELTS 等，可在全校范围内选修。

为更好地支撑大学英语分层次教学改革，学校注重资源共享，着力搭建“教学资源平台”。通过有效整合各类电子图书资源、名师教学视频、教师备课资源等搭建了包括视频课程、电子书、学术视频、文档资料等内容的教学资源共享平台。一方面，依托平台有力支持课程的网站建设、在线课程教学、过程分析统计、研究性教学、碎片化学习等，推进了课程信息化教学改革。另一方面，通过技术开发，实现了平台与校园网门户教务管理系统的无缝对接，为师生即时登录开展自主学习提供了便利。同时，学校正在加快筹建人文社科慕课中心，通过坚持“全面统筹、集中建设、订单开发”的原则，建成符合学校人文社科类课程教学需求和满足学生多元化学习的课程资源平台，解决课程资源共享和多样化人才培养的要求。下一步将加大投入力度，引导与推动不同层次课程与教学团队加快慕课课程开发与建设，用于课程教学实践。这些课程将遵循“以生为主、以师为导”的新型教学理念，要求教师变“教学”为“导学”，引导学生变“听学”为“研学”。加快从“以教为中心向以学为中心”“知识传授为主向能力培养为主”“课堂学习为主向多种学习方式”的转变，着力培养学生的学习主动性、能动性、独立性，提高学生的创新素质与创造潜能。结合传统大学英语课堂教学的优势，促进师生之间的学习互动，实现教育教学过程线上线下的有机互补。

在全球化趋势下，各国都十分重视信息技术在高等教育领域的应用。教育信息化的发展，已在教育理念、教学方式方法等方面产生了深刻影响，实现并重构着高等教育的开放式发展。大学英语教学改革经过了 21 世纪以来的不断创新，已经为各学科专业人才素质的整体提升和实际应用做出了巨大的努力，并且朝着更加科学化、系统化的方向发展。但从高等教育国际化需求和互联网发展趋势来看，我国的大学英语教学改革和教育信息化发展程度仍有较大的融合空间，还有一些关键环节亟待解决。如优质师资的有限性和高校其他办学条件滞后于培养规模的扩张；基于网络的大学英语学习平台需要一定的软硬件环境，如何合理配置计算机、学生、教师、实验人员等，使有限的资源得到充分利用，需要在实践中不断调整创新。

同时，师生的计算机技术培训也必不可少。现如今网络覆盖范围日趋扩大，尤其是智能手机终端的海量增加已经基本实现了“泛在学习环境”，把握新形势下的大学英语教学改革，刻不容缓。

二、从需求角度看大学英语教学改革的趋势

需求可分为社会需求和个人需求，前者主要指社会和用人单位对有关人员外语能力的需求,后者指学生目前的实际水平与希望达到的水平之间的差距。在外语教学领域，需求分析是语言课程设计和实施不可或缺的启动步骤，至少有四大重要作用：①为制定外语教育政策和设置外语课程提供依据；②为外语课程的内容、设计和实施提供依据；③为外语教学目的和教学方法的确定提供依据；④为现有外语课程的检查和评估提供参考。因此，从需求角度进行大学英语教学改革是必要的。

（一）需求现状

改革开放以来，我国的大学英语教学在几代人的努力下取得了巨大的成就，培养了大批有专业技能且懂外语的复合型人才，促进了我国改革开放和对外交流。但随着我国改革开放的深入和世界经济大融合的进一步推进，我国大学英语教学与需求之间的差距进一步加大。

1. 社会需求

（1）高端外语人才严重缺乏

目前，我国有数亿人在学英语，其中大、中、小学学习英语的人数超过 1 亿人。

有专家预测，再过几年我国学英语的人数将超过以英语为母语的国家的总人数。尽管我国有数亿人学英语，但同声传译和书面翻译等高端外语人才仍然严重缺乏。全国各地人才市场频频告急，即使是北京、上海这些高级人才较为集中的地区也难以幸免。

（2）懂专业又能熟练使用外语的“双料”人才走俏

外语作为一种交流工具，显然比其他专业具有更广泛的适用范围。但由于长期以来受重文史、轻科技的外语教育的影响，外语人才难以满足当前经济科技等各项事业迅猛发展的需求。现在，我国懂外语的人很多，但由于英语专业人才缺乏相应的专业知识或技能背景，因此难以胜任大量工作，机械、化学、工艺、软件等专业的技术工程师本身就十分紧缺，懂外语的就更稀有了。因此，想找到符合企业要求的、既具备专业知识又能熟练使用外语的工程技术人才是很难的。

2. 个人需求

据调查，在语言学习方面，当前学生渴望形式多样的语言输入，渴望真实、实用、有时代感的学习内容。他们期望提高英语学习能力和用英语交流的实际能力，希望英语学习能满足自己提高文化素养和专业水平的需要。但实际教学中，为了完成教学任务，教师的教学常常拘泥于教材内容，有的教师以教材、教学课件作为教学内容，在课堂上“照本宣科”，导致教学只是教教材。

（二）原因分析

引起我国大学英语教学“滞后”的原因是复杂的。主要有：

1. 大学英语基础教育的定位在某种程度上使教学脱离了社会的需要

长期以来，我们的大学英语和中、小学英语教学一样，一直在打基础而迟迟不能与专业挂钩，导致有的大学生毕业时连最基本的专业术语都不会说，这样的学生毕业后怎能胜任需要专业英语的工作岗位呢？由此可见，“只注重普通英语教学而忽视专业英语教学在某种程度上制约了我国大学英语的发展”①。

① 李丽生，黄瑛．外国语言文学与外语教学探索 [M]. 昆明：云南大学出版社，2008.

2. 应试教育违背了语言习得和学习规律

目前，我们国家的教学模式基本上还是应试性的，外语教学也不例外。小学教学是为了考中学，中学教学是为了考大学，但大学英语教学应该为什么呢？很遗憾，在考试指挥棒的作用下，我国的英语教学不是为了学以致用，而是围绕考试进行，导致学生的英语学习仅仅是为学校考试，四、六级考试，甚至是为雅思、托福出国等考试而置社会需要和专业需要于不顾。

由于应试教育不能提供足够的语言输入，也不利于激发学生的学习动力，所以不能有效提高学生的语言运用能力。目前我国中学和大学普遍存在的应试性英语教学模式可以说是违背语言习得和学习规律，而不能有效提高学生的语言运用能力，必须也必然进行改革。

（三）改革的趋势

目前，全国各高等院校正在轰轰烈烈地开展大学英语教学的改革，要设计出基于本校科学的、系统的和个性化的大学英语教学大纲和实施方案，首要任务是了解学习者、教师、社会等各方面对大学英语教学的需求。

因此，为了适应各方面的需求，大学英语教学改革的趋势是：

1. 逐步下移大学英语基础教育重心，整体考虑我国英语教学体系

我国的大学英语教学是以基础英语为导向的，虽经前后三次的改革，但都在能力培养的层次或次序上进行变化和调整，也就是说，始终没有在英语使用上有新的突破。由于高中英语和大学英语在培养目标、课程设置和教学要求等诸方面都基本接近甚至雷同，所以随着高中新课标的贯彻和中小学英语教学质量的提高，大学英语和高中英语的界限也在逐渐模糊。

进入大学的学生不必再花两年甚至更多的时间学习“基础英语”，可以直接过渡到专业英语的学习，或只需“对他们稍加训练，即可转入同时提高外语应用技能和实际国际交流能力的学习和训练”。大学英语教学的基本框架将有实质性变化，从而为决策者实现从整体上考虑我国英语教学体系的目标奠定基础。

2. 英语教学同专业结合，走专业化发展道路

目前，我国的大学英语处于高中英语和专业英语的双重夹击的一种尴尬境地。一方面，现阶段大学英语学科发展的空间受到局限；另一方面，社会对专业人才英语水平的需求不断高涨。在这种形势下，大学英语同专业结合、走专业化发展道路不仅满足了社会需求，同时也为自己找到了新的、顺应社会发展的时代方向。

中学培养基本外语能力、高校结合专业进行提高，是我国未来大学英语教学改革的方向。事实上，大学英语教学把重点转移到专业英语上并不妨碍打基础，相反还会从应用的角度巩固和完善基础，真正体现“用中学”。

3. 淡化应试教育、建设多元化、多层次的大学英语课程体系

我国幅员辽阔，各地区、各高校之间情况差异较大，大学英语教学应贯彻分类指导、因材施教的原则，以适应个性化教学的实际需要。但现行的大学英语课程设置难以贯彻因材施教的原则，难以调动学生的积极性。虽然有的高校采取了分级教学，但仍然没有从根本上摆脱大学英语课程“综合性”的桎梏。因此，在新的形势下，开展个性化和多元化的教学模式、贯彻分类指导的教学原则已成为当前我国大学英语教学改革的新方向。

三、科学的大学英语教学改革观

教育部近几年提出：坚持科学的大学英语教学改革观。王守仁在上海外语教育出版社组织的一次大学英语研讨会上传达了这一观点。

那么，什么才是“科学的”的大学英语教学观？可以从四方面来认识：认清大学英语课程的性质，明确大学英语教学的真实需求，加强师资队伍建设，建立科学的大学英语教学评估体系。重点是前两点，尤其在于第二点。

（一）认清大学英语课程的性质

科学的大学英语教学观，首先是要认清大学英语课程的性质。

教育部颁发的《要求》是目前官方对大学英语课程最全面、最权威的文件，2004 年首次公布，2007 年修改。对大学英语课程的性质，2007 年版如此描述：大学英语教学是高等教育的一个有机组成部分，大学英语课程是大学生的一门必修的基础课程；大学英语是以外语教学理论为指导，以英语语言知识与应用技能、跨文化交际和学习策略为主要内容，并集多种教学模式和教学手段为一体的教学体系。

这里有几个关键点：

①高等教育的有机组成部分，说明大学英语不是可有可无的；

②三项主要教学内容：英语语言知识与应用技能，跨文化交际，学习策略；

③教学体系：大学英语不是单纯由每周若干课时组成的一门课，而是由综合英语类、语言技能类、语言应用类、语言文化类和专业英语类等必修课程和选修课程有机结合的一个教学体系，自然也包括教学手段在内。

需要特别指出的是，2007 年版与 2004 年版在大学英语课程性质方面基本上没什么大的修改，最重要、最醒目的修改是 2007 年版明确表示：大学英语课程兼有工具性和人文性。

王守仁在大学英语研讨会上解释“工具性”是要求与专业相结合。因为大学英语作为非外语专业培养方案课程体系中的一门课，应该为专业服务，且在专业课时十分紧张的情况下占用约 10% 的学时比例。“人文性”是指作为现代大学生，外语（尤其是国际公认的英语）能力是能力结构和知识结构中不可或缺的成分，是帮助学生理解西方文化、世界文化，进行跨文化交际所必需的能力。

（二）明确大学英语教学的真实需求

性质得以明确，还要了解需求。这是一个被长期忽视的问题，一般认为已经解决了；或者说是教学主管部门根据自己的判断，给大学英语设想了一个需求。束定芳曾这样描述人们对大学英语课程目标的理解：让学生学点英语而已，作为素质教育的一部分，对于一些学校校长和教务处处长，大学英语教学的管理就是看学生四、六级考试的通过率。实际上，归根到底就是对大学英语课程的需求不清楚，从而导致所有相关人士都觉得自己想要的没能实现，因而不满。

2007 年版官方认定的需求是：培养学生的英语综合应用能力，特别是听说能力，使他们在今后的学习、工作和社会交往中能用英语有效地进行交际，同时增强其自主学习能力，提高综合文化素养，以适应我国社会发展和国际交流的需要。

1. 学习英语是交际需要，而且是学习、工作、社会交往三方面的交际需要。工作需要又与专业有关，后文要专门谈这个问题。“学习交际需要”是 2007 年版新加上去的，是面对现实的正确表述。据统计，大学毕业生就业后真正需要英语的不到 50%，在社交中需要英语的比例更低，而继续学习需求却随着不断升温的出国热日益明显。

2. 增强自主学习能力的需要，大学英语毕竟只是一门课程，课时有限。英语学习不可能完全靠课堂教学来完成，课堂只能起到引领作用，所谓“师傅领进门，修行在个人”。因此培养学生自主学习能力确实也是一种实实在在的需求。

3. 提高综合文化素质需求。这一说法相对抽象些。因为不学英语，文化素质也是可以提高的。

综上，学习、工作、社会交往三方面需求，似乎很清楚，但实际上很模糊。学习需求，是什么样的学习需求？在大学英语教学中如何满足这种继续学习的需求？近几年不断被讨论的学术英语，旨在帮助学生具有专业学习能力。但问题依然存在，大学英语学习更适合通用英语还是学术英语，通识英语还是专业英语？是关注个性化学习需求还是专业学习需求？

总体而言，鉴于不同学校、不同行业背景及其不同需求，同时考虑到不同学生的实际英语水平，我们认为在目前一段时间内，大学英语教学尚不宜用 ESP 取代 EGP，但改革“一刀切”的大学英语教学以及“四、六级考试”导向下的纯通用英语的教学内容，从 EGP 向 ESP 逐渐过渡或将成为大学英语教学改革的一种趋势。

（三）加强师资队伍建设

若上述基于需求分析的趋势判断是正确的，大学英语教学改革的第三个要点便是师资队伍建设，这是成败的关键。自从改革开放以来，大学外语教学的成绩不可否认，这要归功于在一线辛勤教学的广大外语教师。当历史发展对大学英语教学提出新的要求，同样要靠教师来完成这一使命。

目前来看，大学英语师资队伍建设面临着不少棘手的问题。首先，是大学英语教师的学科归属问题。夏纪梅撰文指出："由于多方面的原因，大学英语无论是课程建设还是教师发展，都脱离了学科建设，这在高等院校里是很难体面地生存的。由此而产生的校本认同、学者认同以及学生认同等问题接踵而至，不是被学术边缘化，就是被学科看不起。从事这门课程教学的教师始终有低人一等、无学科依托、学术身份不明、不知如何发展的问题。"[①] 改变这种局面应该成为大学英语教学改革的一部分，甚至是先决条件，因为没有了大学英语教学改革的主体——大学英语教师的积极性，教学改革就难以进行。

其次，大学英语师资队伍建设涉及团队和个体两个层面。团队层面主要是优化结构。目前各高校大学英语师资队伍均普遍存在学历层次不高、职称层次不高、女教师（尤其是40岁以下的女教师）比例过高等情况。该如何进行优化？很多专家提出了很好的建议。这里从①顶层设计，统筹规划；②开发课程，建设小组；③按需进入，微调到位；④提升学历，不失时机4方面开出改善大学英语师资团队结构的处方，具有较强的指导作用。

关于大学英语师资队伍个体层面的建设，高等学校大学外语教学指导委员会进行过一项"大学英语教师的职业发展现状及其影响因素分析"，结果发现，现在有4种类型的大学英语教师："探索者""奋斗者""安于现状者"和"消沉者"。这实际上关系到教师的职业责任意识及个人奋斗意识。我们应该创造条件鼓励"探索者"和"奋斗者"，激励"安于现状者"和"消沉者"。

（四）建立科学的大学英语教学评估体系

任何教学都可以进行效果评估。最近对大学英语四、六级考试的取舍有各种不

① 夏纪梅.外语教师发展的知与行[M].上海：上海教育出版社，2012.

同的声音，在此判断：不会取消，但会改革。据说大学英语教学综合评估体系会是“1+N”。这里的“1”代表全国大学英语四、六级考试，“N”则是各类专项英语考试。显然，这将会改变一考独大的局面。

大学英语教学的现状是不尽如人意的，但改革的趋势很明确：教育部要求在以往大学英语课程要求的基础上，制定新的大学英语教学指南。新的指南明确大学英语课程的服务意识是，服务于学校的办学目标，服务于院系的专业需要，服务于学生的个体发展需要。很明显，这里特别强调的是大学英语教学必须满足的三类服务需求。可以预计，一个全新的、更加注重实际需求的大学英语教学体系会产生，并将在教学实践中不断得以完善。我们应该为能成为这一体系建设中的一员感到骄傲，并承担一份责任！

第三章　大学英语教学模式改革的理论基础

第一节　基于建构主义的课程设计

课程设计也就是制定课程，包括制订教学计划（学校课程标准）、编写教学大纲（学科课程标准）和教科书。课程设计是将课程基本理念转化为课程实践活动的“桥梁”，其水平的高低是制约教育教学质量的一个重要因素。因而，有论者指出课程设计中应当处理好人的发展与社会发展的关系、认识与价值的关系、逻辑与序列的关系以及传承与革新的关系。然而，在我国课程设计研究的二十多年的历程中，课程设计虽已取得一定的成果，但仍存在课程设计理论不够成熟、课程设计理念研究与课程改革实践脱节等问题，进而导致课程设计中不能处理好人的发展与社会发展需求的关系、认识与价值的关系等，使课程设计研究的发展陷入尴尬境地。而建构主义的知识观、学生观、教学观、情境观等一系列思想为我国新课程改革中课程设计的改革提供了理论基础，且给课程设计实践以重要的启示。

一、基于建构主义的课程设计理念的转变

长期以来，在我国传统的课程体制下，课程设计完全是一种“政府行为”，即课程设计研究主体主要是由一些教育行政官员、学科专家和个别教育家组成，这必然导致课程设计只能迎合政府的意愿而无法兼顾学生的需要、社会的需要和知识体系，最终使课程设计总是倒向社会中心或学科中心的价值取向。此外，这种“政府行为”

的课程设计是一种“自上而下”的行为，而非“自下而上”的行为，课程设计研究未能立足于课程实践，未以解决课程实际问题为导向，而是游离于社会中心和学科中心之间，所以课程设计理念与实践相脱节，这就必然导致课程设计理论不能得到发展并走向成熟，同时实践问题也不能得到有效解决。

而在建构主义视野中，课程设计的理念是建立在其知识观、学生观、教学观、情境观四者有机结合的基础之上的，这为课程设计理念的转变提供了有力的理论支撑。

（一）由“静态”到“生成”：建构主义知识观

在建构主义看来，知识并不是对认识对象的“镜式”反映，知识具有生成性，而并非静态的、绝对的。所有认识对象都是客观存在的，并且其自身也是随着环境的改变而不断发生变化，因而对认识对象的解释也是因时因地而异，而不是一成不变的，也没有“定论”可言。所有知识都有待于检验和反驳，对认识对象的解释也是动态生成的；认识者在认识对象的过程中也并非被动、消极地对事物做出“镜式”反映，而是主动积极地对其进行认识，其认识随着认识者自身知识面的拓展不断深入。认识者不是知识的主体和权威，更不是知识的客体。

这样基于建构主义知识观的课程设计，其设计的对象——知识不再是静态、绝对的，而是动态变化的。课程设计的目的不在于课程设计中包含或体现多少固定的知识，进而将其灌输给学生，而在于怎样通过“弹性的”“灵活的”设计课程，通过师生共同参与，让学生学会学习，学会创造、发现。基于建构主义知识观的课程设计，其“设计”本身也同“知识”一样，并不是绝对的、客观的，而是生成的、弹性的。课程设计最终不是以“成品”的方式呈现出教学中所需的课程标准、教学大纲和教学内容，而是提供给师生一个参照，课程设计的具体内容更会随着教学活动的变化而发生改变。这与课程改革的目标是相符的：改变课程过于注重传授知识的倾向；改变课程结构过于强调学科本位、科目过多和缺乏整合的现状；改变课程内容过于注重书本知识的现状。

（二）由“目中无人”到“以人为本”：建构主义学生观

建构主义颠覆了传统意义上将学生视为“白板”以及教学中完全的“目中无人”的现象，认为作为教育对象的学生首先是一个“人”，但又是具有多种特性的人。一是学生具有主体性。学生是参与教学过程的主体，正如当前课程观背后的哲学理念——“以人为本”所主张的以学生为本，学生的个性是自由的，因而应予以尊重。二是学生具有发展性。学生作为一个独立的个体，其本身在学习的过程中完成其自身的发展，一步步走向成熟与健全，学生永远处在不断发展的过程中，甚至对任何一个人来说，无论是从心理角度还是从生理上看，都是处在发展变化的过程中。换言之，生命不止，发展不止。学生的这种发展性为教育的开展提供了无限可能，教育应该为学生的发展做好准备，为学生的发展创造良好的条件，以便于其挖掘和开发自身的潜能。三是完整性。所谓完整性是指学生作为生命体而具有的生命整体性，因为人的生命是多层次、多方面的整合体。教育的真正功能在于让学生获取知识的同时，完善自身的人格，进而激发出自身潜在的灵感，在情感完美交融的过程中体验到生命的层次性和完整性。四是个性化。每一个教育者都应该意识到每一个学生都是一个独立且特别的个体，具有自身特有的个性，教育过程中要尊重学生的个性特点，充分调动学生的积极性和主动性。这就是教育教学过程中应遵循的基本原则——因材施教。

基于建构主义学生观关于学生特性的认识，课程设计应关照学生作为人所具有的各种特性来进行设计，而不能完全地“目中无人”“目中无生”，课程设计中要体现以人为本、以生为本的哲学理念，尊重学生的主体性与完整性，为学生的个性化发展创造良好的环境，这仰赖于课程如何科学设计，传统的“自上而下”的“政府行为”式的课程设计是不可能很好地关照到学生的发展特性的，因而课程设计应由“自上而下”的方式转变为“自下而上”的方式，从学生的需要出发，从课程实践出发，调整课程设计方式。

（三）由“以教为主”到“以学为主”：建构主义教学观

建构主义教学观主张大力推进主体性教学，教学活动的重心由“教”转移至“学”，以“学”为主。教师并非教学过程中的唯一主体，教师传授知识的活动也并非教学活动的重心和主导活动，教学过程不是知识单向传递的过程。建构主义强调学生在教学过程中的主体地位，聚焦学生“学”的过程，强调教学过程是学生在教师的帮助下自己主动建构知识的过程，因而需要发挥学生学习的主动性和积极性，引导学生建构自身的知识体系。所谓知识的建构，一方面是指学生以原有知识经验基础去理解当前的新知识，即奥苏伯尔的“同化论”，另一方面指学生依据新经验对原有知识做出某种调整和改造，即“顺应”。这个建构过程只能由学生本人主动完成，学生建构知识的过程首先是在教师的指导与引领下，分析知识的合理性和有效性，深入理解知识的内在含义，结合自身已有的知识经验形成自己对知识新的解释和看法，而并非对知识进行浅层次的理解进而机械的记忆。

从这个角度看，建构主义教学观强调教学活动中学生是主体，教学过程中应给予学生尽可能多的独立且有效活动的机会。让学生在主动参与活动的过程中，建构自己的知识体系。基于此，课程设计过程中应充分尊重学生的主体地位、以学生的学为中心，在考虑从人类社会历史经验——科学和生活中选择什么、怎样组织、安排问题时，应将学生的需要、学生的兴趣、个性特点、学生已有水平置于首要位置。如在课程设计中实行三级布局：国家课程、地方课程、校本课程，将三者有机结合，即为了充分尊重不同地区、不同学校学生个体的差异。

（四）由“抽象化”到“情境化”：建构主义情境观

学习总是发生在情境之中，而情境则与融合在其中的知识形成了不可分割的联系。建构主义强调在教学过程中，应将学生从抽象的知识体系中引出，引导学生进入真实的问题情境中，用生动、形象、真实的故事呈现问题与知识，进而启发学生的思维。教学情境生活化、生动化，进而使教学内容由“抽象化”走向“情境化”，由“复杂化”走向“简单化”。建构主义所谓的情境，必须具有真实性、复杂性、情节性等特点。

基于此，课程设计在制定教科书时，强调再现知识产生的背景和应用情境，营造真实生动的学习环境，进而实现学习效果的最优化。课程设计尊重学习的情境性有两方面的意义：一方面，在于通过教科书知识编排的“情境化”，赋予看似复杂、抽象的科学知识以生动鲜活的生命气息，便于学生灵活理解和把握；另一方面，尊重情境性的课程设计必然强调“情境化”教学设计，这一点在李吉林老师的“情境教学”主张中得到充分体现。他指出：“教学理应顺乎学生发展规律，滋润情感的幼芽，点燃智慧的火花，让他们显示各自的聪明才智和潜在的力量，从中获得认识的快乐，成功的快乐。”①而只有在一定鲜活生动的情境中，教学才能顺应学生发展规律，并能滋润其情感，点燃智慧的火花。这样的教学要求在进行课程设计时应注意所选内容及组织编排内容时“留有余地”，以便于教学中灵活地运用情境。

二、建构主义视野下的课程设计实践探索

基于建构主义的知识观、学生观、教学观和情境观，课程设计过程中应坚持直接经验与间接经验相结合的原则，主观性与客观性相结合的原则，稳定性与动态性相结合的原则，课程目标由“具体”转向追求“模糊”，与之相应，课程内容也具有“生成性”，因而得以扩充。

（一）建构主义视野下课程设计的基本原则

1. 直接经验与间接经验相结合

现代课程论倾向于把课程定义为学生通过学校教育获得旨在促进其身心全面发展的教育性经验。从建构主义的角度来看，这一关于课程的定义既强调学生的主体性又强调经验的获得。建构主义知识观认为所谓经验，应该也是不断生成的，包括直接经验和间接经验，即通过学习主体自身的实践、体验，将所学知识内化。完善

① 李吉林 . 儿童母语情境学习的理论与应用 [M]. 北京：教育科学出版社，2018.

自身的认知结构，这一过程实际上也是直接经验与间接经验相互综合、相互渗透的过程。在这一过程中，学习主体已有的知识经验及其自身的实践、体验所得经验为直接经验，而学校给学习主体提供的教育环境中包含的知识多为间接经验。建构主义指导设计课程中必须遵循直接经验与间接经验相结合的原则，因为它们都强调对主体经验和主体活动的关注。课程设计过程中应关照学习主体的直接经验，兼顾间接经验的选择、组织、安排，将二者合理联系起来，以便于提高教学效率。

2. 主观性与客观性相结合

建构主义者认为，课程本身及学习者都具有主观性，课程是知识的表现形式，建构主义知识观的核心是，知识是主观性的存在，是学习者个体经验的总结，因而课程也具有主观性。建构主义学生观认为学习者是独立的、有思维的活动个体，在课程实施中主动构建自身知识体系，显然是具有主观性的。从马克思主义唯物辩证法的角度看，学习者本身就具有主观能动性。因而课程设计要尊重课程和学习者的主观性。此外，课程设计的实质，就是从人类社会历史经验——科学和生活中选择什么、怎样组织、安排的问题。人类社会历史经验是已经存在的，具有历史客观性。课程设计还受一定文化环境的影响，而文化环境也是客观存在的；课程设计还受一定社会文化环境的影响，而社会文化条件也是客观存在的。因而课程设计要将学生主体的主观性与人类社会历史和存在的客观性相统一。

3. 稳定性与动态性相结合

建构主义强调以学生为中心的课程设计方向。基于建构主义学生观，一方面，学生在一定阶段具有相对稳定的性格特征和智力发展水平；另一方面，课程目标及教育的最终目标是为了促进学生经验的增长、个体的发展，同时课程设计要体现出动态变化。建构主义知识观强调知识是动态的、生成性的，但一定历史时期的知识也具有相对稳定性。基于此，课程设计既要有明确的对象和内容，制订相对稳定的教学计划（学校课程目标）及教学大纲（学科课程标准），又要尊重学生知识的动态生成性并顺应知识日新月异的时代发展背景，体现课程设计的灵活性。

（二）建构主义视野下的课程目标

课程目标是指一定教育阶段的学校课程力图促进该阶段学生的身心发展所需要达到的预期程度。课程目标是教育目的的转化，传统课程理论认为课程目标是课程结构的核心部分，一旦目标确定就不再改变，课程实施严格围绕目标进行，并且往往将目标着眼于学生对知识的掌握程度，这是较为狭隘的理解。建构主义情境观应用于课程领域，似乎“模糊”了以往的课程目标。建构主义者认为课程目标是在教学过程中逐渐凸显的，而不是事先预设的。因为“目的是演进着的，而不是预先存在的。目的是演进中的教育过程的方向的性质，而不是教育过程的某些具体阶段的，或任何外部东西的方向的性质。它们对教育过程的价值，在于它们的挑战性，而不在于它们的终极状态”①。建构主义者认为，课程设计的过程中关于课程目标的设定可以是模糊的，或者是宏观的，而不是具体的。建构主义者认为，课程目标在于学生的知识、能力、个性的全面发展，在于培养学生的创新能力。此外，所谓发展，其本身就是一个“模糊”的标准，是动态生成性的发展的状态。

（三）建构主义视野下的课程内容

对课程理解的不同，会导致在课程设计过程中对课程内容选择的不同。建构主义知识观强调课程知识的动态性、生成性，强调教学是学习者的主动性及其经验的建构。因而，在建构主义指导下，课程内容已打破原有的僵化、呆板的状态，也摆脱了“利用过去的教材，教导现在的学生，面对未来的挑战”的尴尬境地。世界在发展，人类在进步，以文化为基础的课程内容也应该不断扩充和更新。

建构主义在扩充课程内容方面的影响具体体现在：一方面，建构主义改变了以往的课程资源观，在新课程改革下课程资源观表现为，生活世界处处有课程资源；教材、课程标准是基本而特殊的课程资源；教师、学生是重要的课程资源；教学过程是课程资源生成的过程。另一方面，建构主义影响了课程内容的选择，传统的课程观认为课程内容选择的主动权在课程专家和教师手中。建构主义强调学习者的主

① 翟葆奎．教育学文集·教育目的［M］. 北京：人民教育出版社，1989.

体性，学生也有选择课程内容的权利，并且应该是确定课程内容的主体。课程目标在于促进学生知识能力、情感等各方面的发展。课程内容的选择也应根据学生的兴趣、发展方向而定。课程内容选择权的扩大化，必然有助于扩充课程内容。

在新课程改革中，建构主义与课程相结合是必然的。一方面，这是建构主义发展渗透到各个领域的必然趋势；另一方面，也是课程改革中不断探索新途径解决课程发展中存在的问题的必然要求。课程设计是新课程改革的一个重要方面，建构主义知识观、学生观、教学观、情境观等思想主张渗透到课程领域，不仅为课程设计理念的转变提供了有力的理论支撑和依据，而且为课程设计实践提供了工具性的方法指导。

第二节 大学英语教学模式改革的实践与理论

自我国发布实施《要求》以来，大学英语教学有了较大的进步和发展，但从目前实际情况来看，教学模式改革仍然面临着一些未解决的老问题。为了提高我国大学英语教学的质量和成效，就必须加大对教学模式的改革和创新。

一、我国大学英语教学模式改革的背景

长期以来，我国大学英语教学普遍采用较为单一的模式，大致遵循“复习旧课—引入新课—学习新课—作业布置”这样一套较为固定的教学程序，且教学手段局限于课本、板书、录音机等，多采用“教师讲学生听”的填鸭式大班教学，教学效果的评价主要是期末考试成绩或四、六级考试成绩，教学目的也更多的是通过考试。即使最近几年随着多媒体技术的发展，部分教师将其引入课堂，但很多教师也仅仅是将黑板上的板书移植到PPT，将听力播放工具从录音机转移到电脑。这样一种传统的教学模式，使得我国学生在学习英语方面存在持续时间长、应用能力差的现状。

很多学生通过多年的英语学习，仅仅是为了通过考试，甚至通过考试也相当困难，在语言的实际应用能力方面和社会对人才英语能力的要求存在较大差距。出现这样的尴尬局面，较为重要的原因之一是在教学活动本质认识上存在偏差。教学活动不是简单的“教师教、学生学”这样一个简单的过程，它是涉及教师、学生、教材、教法、教学理念及手段、教学评价方式等多种影响因素的复杂过程。因此，要想提高教学效果，就要结合我国英语教学的实际情况，认真分析影响教学效果的多种因素，改革教学模式，从而推动我国大学英语教学不断发展。近年来教育部在推行《要求》等方面的举措，就是充分考虑教学模式的重要性并进行改革所做的努力。

二、我国大学英语教学模式改革的主要支撑理论

（一）认知主义

按照学习理论的分类，教学理论相应地可以分为联结说理论和格式塔理论。联结说理论在 20 世纪 60 年代发展为行为主义，而格式塔理论则发展为认知主义。认知主义将知识的实质、如何获得知识、怎样把知识应用到创造性活动等作为研究范围。行为主义认为学习是受外部环境的支配而被动地进行“刺激—反应联结”的过程，是在不断地练习和强化的过程中形成的类似于条件反射的习惯。而认知学派则认为学习是学习者内部心理结构的形成和改组，该过程包括信息输入和输出的加工。学习者在获得新知识的过程中，其本身已经拥有的知识、经验发挥了极其重要的作用。来自外部信息的输入刺激会将学习者长时记忆的信息激活，而被激活的认知结构则对学习者消化吸收新信息提供了“必要的机制”。因此认知主义认为学习者获得知识不是依靠教师的灌输，不是被动的接受者，而是要作为学习活动的主动参与者去探索发现。因此，从认知理论的角度出发，学习语言是一项复杂的知识技能的习得过程，学习者可以利用元认知了解整个学习的过程，并据此制订学习计划、自我监控学习过程、开展学习效果的自我评价等。

（二）建构主义

学界通常认为建构主义是认知主义的发展延续，它不是一种完全区别于认知主义的观念，但两者的不同之处是建构主义更加强调知识构建过程中的主观性。在建构主义者看来，语言知识的获得是在一定的社会文化背景之下，借助他人帮助并利用学习语言的资料，通过意义建构而习得的过程。因此，学习语言的过程并不是教师将知识单向传递给学生，也并非简单的信息积累过程，而是学习者主动地构建自身知识的过程。在这个构建过程中，教师起到帮助者和促进者的作用，学生成为教学的中心，是主动参与者。同时，建构主义者还强调知识构建的情景，在一定的情景下学习者可以通过互动和合作进行学习。学习者在习得语言知识过程中，要依靠自我经验及别人的协作，教师在这一过程中设计适宜的教学情景，激发学生学习的动机并使其学会自主学习，帮助学生构建所学新知识的意义。

（三）人本主义

人本主义是 20 世纪五六十年代兴起的一个重要学术流派。该流派不赞同行为主义者将人当作动物或者机器而忽视了人本身发展的观点，同时也不赞同认知主义重视认知结构而忽视人的价值、态度、情感等因素对学习所具有的影响。它认为在学习过程中，学习者具有主体地位，强调学习者的潜能和学习过程。人本主义是从一个全新的角度来研究学习，它看重学习者的自我实现。根据人本主义的观点，语言教学不是教育的全部，因为学生都是活生生的人，他们是有自己思想、情感、各种需求的。教育是帮助学生学会学习，赋予学习经验个体意义，促进学习者的成长。因此，教师不应当将学生简单地看作教育对象，而应将其视为学习的主体，是整个教学活动的平等参与者。学习不再仅仅是简单的认知成分的参与，而是要使学生在学习过程中实现自身潜能和更全面、更充分的发展。教师在这一过程中，不仅仅是学生学习的促进者和帮助者，还应当是学生人格成长方面的促进者和帮助者。

三、我国大学英语教学模式的改革方向

（一）改变教学理念

我国大学英语的教学已有很长历史，也陆续从其他国家引入了不少教学理论和方法，但因我国大学生人数多、英语教育资源不足等原因，很多教学理念和方法都没有很好地与我国高校实际相结合，且很多教学理念和方法都停留在口头上。如果从现代先进的教学理念出发，结合我国实际，就能更好地提高大学英语教学的成效。

1. 改变以教师为主体的教学思想

多年来，传统的英语教学模式均以教师为主体，采取填鸭式的教学，导致耗费时间较多，效率较为低下。因为这样的教学方式忽略了学生在学习过程中的参与，忽视了学生是学习主体的客观规律，束缚了学生的能力发展，与当前普遍认同的教育理念背道而驰，也背离了我国高校深化课堂教育改革的主题。因此在教学过程中，应当将学生作为整个学习的中心，努力培养其自主学习的能力。

2. 改变以传授语言基础为主的教学方式

英语词汇、语法等基础知识是一种积累，而听、说、读、写、译等应用能力则是在此基础上的提高。不具备一定的基础知识，语言的应用能力就是无本之木，但是具有基础知识并不代表具有应用能力。学习一门外语的目的就是在实践中加以应用。只有改变传授语言基础为主的教学方式，在打好基础的同时并注重语言的应用能力，才能适应社会对人才的需求。

3. 改变“授人以鱼”的教学现状

在传统的大学英语教学过程中，普遍存在“重知识、轻能力”的现状。包括语言在内的知识都在随着时代的进步不断更新，终身学习的理念已经得到国际教育界的普遍认同。只有改变英语教学中重视知识的传授而轻视语言学习方法的状况，让学生学会学习语言，才有利于学生今后的不断学习、不断发展。学生只有学会了学习的方法，才能在无教师的情况下自主学习，并进行自我的提高。

（二）创新课堂模式

传统的课堂模式因形式单一、班级人数较多等因素的限制，采取一刀切，很难尊重到学生的个体性和差异性，不利于不同学生个体的英语学习，因此应当对其进行创新。改进传统课堂模式的同时，应充分利用新型课堂模式。

1. 采用自主式教学

为了学生更好地学习英语，为其今后继续学习打下基础，应当帮助学生进行自主、自觉、独立的学习。要实现自主式教学，就应当改变目前将英语学习作为学生毕业硬性指标的现状。这一现状导致许多学生为了毕业而学习英语，考试通过后就完全放弃学习。要实现自主式教学形式，可根据学生实际情况，采取分级教学，并根据学生的不同情况，在课堂设计时充分考虑不同层级学生的需求，避免一刀切，否则会导致有的学生不够学，有的学生压力大。

2. 充分利用网络教学

网络教学不仅可以充分利用文字、图像资源，还可以有机结合声音、动画等，极大地提高了英语学习的趣味性，激发了学生学习英语的兴趣，增强了学生学习的主动性。网络教学可以由网络即时交际、网络资源检索、网络学习评价、休闲娱乐等多种方式组成。此类学习过程中，教师要加强对学生在学习过程中的引导、监督、反馈等。

3. 革新传统教学

虽然传统的课堂教学存在一定的弊端，但其长期发展过程中积累了很多可取之处，不能仅仅因为创新而完全将其舍弃。而是在采用各种新型课堂形式的同时，革新传统教学，“取其精华，去其糟粕”，为学生学习英语创造和谐宽松的环境，不断提高教师教学技能，更新教学理念，多管齐下，提高大学英语教学成效。

（三）改革评价方式

长期以来，终结性评价模式将考试作为我国大学英语教学最重要的评价手段，这样的评价方式显得比较单一，不利于形成全面性、多样化的评价体系，也在一定程度上导致学生，甚至相当数量的教师重视考试结果而忽略语言能力的提高，更不利于大学英语教学模式的改革。根据学习的本质，大学英语教学效果的评估更多的应是强调对学习过程的评价而不是对考试成绩的过分重视。同时，新的要求从之前注重语法、阅读为主转变为更加重视学生的听说能力以及语言的综合应用能力。这就将评价方式从传统的单一的终结性评价方式转变为综合的评价体系。以往的评价方式主要注重结果，而新的评价方式贯穿整个教学过程，评价可以在平时教学过程中不断进行。这样综合、即时的评价能使师生得到快速反馈，教师可以根据反馈及时调整和改进教学过程中的不足，学生也可以更快地了解自己学习过程中掌握语言能力的实际情况。新的评价方式还强调考试应以评价学生的英语综合应用能力为主，不仅要对学生的读写译能力进行考核，而且要加强对学生听说能力的考核。[①] 不仅仅是对学生的考核评价，还包括了对教师在“教学态度、教学手段、教学方法、教学内容、教学组织和教学效果”等方面的考核。学校应采用这样的评价体系，不像过去那样仅仅以期末考试，四、六级考试等考试成绩来评价本校的英语教学效果，而是更加注重提高教师的教学能力和学生的英语语言能力及个人的发展。

近年来，我国在大学英语教学方面有了显著的进步，尤其是在教学模式方面有了较大的发展，学生的英语水平也有了很大的提高。随着世界各国往来更加频繁，我国也将不断深入改革开放，相应地，我国大学英语教学模式也必须不断改革发展，才能满足社会对人才提出的新要求。

① 潘江.高职院校公共英语教学内容方法及体系改革研究 [J]. 教育，2016（6）：156.

第三节 教学系统设计的理论与方法

一、教学系统设计的理论基础

（一）传播理论与教学设计

1. 传播过程到教学传播过程要素的演绎

哈罗德·拉斯韦尔（Harold Lasswell）提出的“5W”公式描述了颇具代表性的大众传播过程的五个基本要素和直线式的传播模式。①

1958 年布雷多克（Bnuklock）在此基础上发展了“7W”模型的教学传播过程（实际上增加了两个要素）：

Why 为什么 教学目的

Where 在什么情况下 教学环境

之后这些要素就成为研究教学过程、解决教学问题的教学设计所关心和考虑的重要因素。

2. 传播理论揭示教学过程要素之间的相互联系

1960 年，伯罗（D.K.Berlo）在拉斯韦尔研究的基础上，提出了 SMCR 的传播过程模式，进一步解释了教学信息传播过程的复杂性。②

他指出传播的最终效果不是由传播过程中某一部分决定的，而是由组成传播过程的信息源、讯息、通道和受者四个部分以及它们之间的共同关系决定的，而传播

① （美）哈罗德·拉斯韦尔 . 社会传播的结构与功能 英文 [M]. 北京：中国传媒大学出版社，2013.

② （美）郑（R. Zheng），（美）伯罗－桑切斯（J. Burrow-Sanchez），（美）德鲁（C. Drew）著；刘勤学，黄飞，熊俊梅译 . 青少年在线社会沟通与行为 网络关系的形成 [M]. 世界图书出版广东有限公司，2014.

过程的每一个组成成分又受其自身因素的制约，所以传播过程从信息源到信息接收者，至少有五个因素影响信息传递效果。

①传播技能。传者的表达、写作技能和受者的听读技能都会影响传播效果。

②态度。传者和受者自身的态度、对所传信息内容以及彼此间的态度等。

③知识水平。传者对所传播的内容是否完全掌握，对传播的方法、效果是否熟知，受者原有的知识水平等。

④社会文化及背景。不同的社会阶层和文化背景也影响传播方法的选择和对传播内容的认识和理解。再从讯息这个要素来看，它也受讯息内容、讯息要素以及讯息处理、结构安排和编码方式等各种因素的制约。

⑤信息传递通道。不同的传播媒体与所传递信息的匹配不一样，对感官的刺激就会不同，从而影响传播效果。

3. 传播理论指出了教学过程的双向性

教学信息是通过教师和学生双方的传播行为来实现的，所以，教学设计必须重视教与学两方面的分析与安排，并充分利用反馈信息，通过反馈环节随时进行调整和控制，以达到预期的学习效果。

4. 传播过程与教学设计过程要素的比较

在相应领域，如传播内容分析、受众分析、媒体分析、效果分析等研究成果在不同程度上为教学设计中的学习内容分析、学习者分析、教学媒体的选择及教学评价等环节所吸收。

（二）学习理论与教学设计

学习理论是探究人类学习的本质及机制的心理学理论，而教学设计是为学习创造环境，是根据学习者的需要设计不同的教学计划，在充分发挥人类潜力的基础上促进人类潜力的进一步发展，因而教学设计必须广泛了解学习及人类行为，以学习理论作为其理论基础。

1. 学习理论

学习理论主要有：行为主义学习理论，认知主义学习理论，建构主义学习理论，人本主义学习理论。

（1）行为主义学习理论

行为主义学习理论诞生于20世纪初，它是在反对结构主义心理学的基础上发展起来的，其代表人物有巴甫洛夫、桑代克、斯金纳、班杜拉等。行为主义的学习理论可以用公式S—R来表示，其中S表示来自外界的刺激，R表示个体接受刺激后的行为反应。他们认为个体在不断接受特定的外界刺激后，就可能形成与这种刺激相适应的行为表现，他们把这个过程称为S—R联结的学习行为，即学习就是刺激与反应建立了联系。行为主义学习理论“重视与有机体生存有关的行为的研究，注意有机体在环境中的适应行为，重视环境的作用”。

①巴甫洛夫的经典条件反射

巴甫洛夫是经典条件反射学说的创立者。巴甫洛夫在研究狗的消化生理现象时，做了一个实验。先给狗听一个铃声，狗没有反应，然而在给狗听到铃声之后紧接着呈现食物，并经反复多次结合后，单独听铃声而没有食物，狗也“学会”了分泌唾液。铃声与无条件刺激（食物）的多次结合从一个中性刺激变成了一个条件性刺激，引起了分泌唾液的条件性反应，巴甫洛夫将这一现象称为条件反射，即经典条件反射。①

经典性条件作用的主要规律有：

保持与消退。巴甫洛夫发现，在动物建立条件反射后继续让铃声与无条件刺激（食物）同时呈现，狗的条件反射行为（唾液分泌）会持续地保持下去。但当多次伴随条件刺激物（铃声）出现而没有相应的食物时，则狗的唾液分泌量会随着实验次数的增加而自行减少，这便是反应的消退。教学中，有时教师及时的表扬会促进学生暂时形成某一良好的行为，但如果过了一些时候，当学生在日常生活中表现出良好的行为习惯而没有再得到教师的表扬时，这一行为很可能会随着时间的推移而逐渐消退。

---

① （苏）巴甫洛夫（И.П.Павлов）著；赵璧如等译.巴甫洛夫全集 第三卷 上[M].北京：人民卫生出版社，1962.

分化与泛化。在一定的条件反射形成之后，有机体对与条件反射物相类似的其他刺激也做出一定的反应的现象叫作泛化。比如，刚开始学汉字的孩子不能很好地区分“未”跟“末”，或“日”跟“曰”。如果只强化条件刺激，而不强化与其相似的其他刺激，就可能导致条件作用的分化。比如，在体育教学中，教师帮助学生辨别动作到位和不到位时的肌肉感觉，从而使学生动作流畅、有力。

高级条件作用。在条件作用形成以后，条件刺激可以像无条件刺激一样诱发出有机体的反应。这种由一个已经条件化了的刺激来使另一个中性刺激条件化的过程，叫作高级条件作用。即在一级条件作用的基础上建立二级条件作用，在二级条件作用的基础上建立三级条件作用。

两个信号系统理论。凡是能够引起条件反应的物理性条件刺激叫作第一信号系统的刺激；凡是能够引起条件反应、以语言符号为中介的条件刺激叫作第二信号系统的刺激。“谈虎色变”就属于第二信号系统的条件作用。人类学习与动物学习的本质区别就在于人类有了以语言为主的第二信号系统。

②华生对经典条件作用的发展

华生的刺激—反应学说。[①]行为，指的是有机体所说的所做的，是能直接观察到的。刺激，指的是外界环境中的任何东西以及各组织引起的种种变化；反应，指的是有机体所做的任何动作。华生认为组成行为的基本单位是刺激—反应（S—R）。刺激—反应之间的联系是直接的，不存在心理、意识的中介。

刺激反应学说的基本观点。学习就是以一种刺激替代另一种刺激建立条件作用的过程。人类出生时只有几个反射（如打喷嚏、膝跳反射）和情绪反应（如爱、怒、惧等），所有其他行为都是通过条件作用建立新刺激—反应联结而形成的。学习的实质在于形成习惯，学习的过程乃是形成习惯的过程，即刺激与反应间牢固联结的过程。

③桑代克的联结学说[②]

① （美）约翰·华生著；倪彩编译 . 行为心理学 [M]. 北京：中国纺织出版社，2019.

② （美）桑代克（E.L.Thorndike）著；陈兆蘅译 . 桑代克教育学 [M]. 商务印书馆，1927.

美国实证主义心理学家桑代克用科学实验的方式来研究学习的规律，提出了著名的联结学说。桑代克的实验对象是一只可以自由活动的饿猫。他把猫放入笼子，然后在笼子外面放上猫可以看见的鱼、肉等食物。笼子中有一个特殊的装置，猫只要一踩笼中的踏板，就可以打开笼子的门闩出来吃到食物。一开始猫放进去以后，在笼子里上蹿下跳，无意中触动了机关。于是它就非常自然地出来吃到了食物。桑代克记录下猫逃出笼子所花的时间。然后又把它放进去，进行又一次尝试。桑代克认真地记下猫每一次从笼子里逃出来所花的时间，他发现随着实验次数的增多，猫从笼子里逃出来所花的时间在不断减少。最后，猫几乎是一被放进笼子就去启动机关，即猫学会了开门闩这个动作。

通过这个实验，桑代克认为所谓的学习就是人和动物通过不断的尝试形成刺激—反应联结，从而不断减少错误的过程。他把自己的观点称为试误说。试误说的主要内容有：学习的实质在于形成一定的联结；一定的联结是通过尝试错误（试误）过程而自动形成的，不需要以观念为中介；学习是试误过程，主要受练习律、效果律与准备律的支配；动物的学习是盲目的，而人的学习是有意识的。

桑代克根据自己的实验研究得出了以下三条主要的学习定律：

准备律。在进入某种学习活动之前，如果学习者做好了与相应的学习活动相关的预备性反应（包括生理和心理的），学习者就能比较自如地掌握学习的内容。

练习律。对于学习者已形成的某种联结，在实践中正确地重复这种反应会有效地增强这种联结。就小学教师而言，重视练习中必要的重复是很有必要的。另外，桑代克也非常重视练习中的反馈，他认为简单机械的重复不会造成学习的进步，告诉学习者练习正确或错误的信息有利于学习者在学习中不断纠正自己的学习内容。

效果律。学习者在学习过程中所得到的各种正或负的反馈意见会加强或减弱学习者在头脑中已经形成的某种联结。效果律是最重要的学习定律。桑代克认为学习者学习某种知识以后，即在一定的结果和反应之间建立了联结，如果学习者遇到一种使他心情愉悦的刺激或事件，那么这种联结会增强，反之会减弱。他指出，教师尽量使学生获得感到满意的学习结果尤为重要。

④斯金纳的操作条件反射学说

继桑代克之后，美国又一位著名的行为主义心理学家斯金纳用白鼠作为实验对象，进一步发展了桑代克的刺激—反应学说，提出了著名的操作条件反射学说。[①]

与桑代克相类似的是，斯金纳也专门为实验设计了一个学习装置——“斯金纳箱”，箱子内部有一个操纵杆，只要当饥饿的小白鼠按动操纵杆，小白鼠就可以吃到一颗食丸。开始的时候小白鼠是在无意中按下了操纵杆，吃到了食丸，但经过几次尝试以后，小白鼠“发现”了按动操纵杆与吃到食丸之间的关系，于是小白鼠会不断地按动操纵杆，直到吃饱为止。斯金纳把小白鼠的这种行为称为操作性条件反射或工具性条件反射。斯金纳与桑代克的主要区别在于：桑代克侧重于研究学习的S—R联结，而斯金纳则在桑代克研究的基础上进一步探讨小白鼠乐此不疲地按动操纵杆的原因——小白鼠每次按动操纵杆都会吃到食丸。在这一实验中，小白鼠学会了按压操纵杆而获取食物的反应，把强化（食物）与操作性反应联系起来，形成了操作性条件作用。

操作性条件作用的主要规律有：

强化。所谓强化，是指能够增强反应频率的后果。行为之所以发生变化就是因为强化作用。强化的作用在于改变同类反应在将来发生的频率。强化又分正强化和负强化。正强化通过呈现想要的愉快刺激来增强反应频率。负强化通过消除或中止厌恶、不愉快刺激来增强反应频率。凡是能够增强反应频率的刺激或事件叫作强化物。

惩罚与消退、维持。当有机体做出某种反应之后，呈现一种厌恶刺激或不愉快刺激，以消除或抑制此类反应的过程，被称为惩罚——惩罚与负强化不同。负强化是通过消除厌恶刺激来增加反应在将来发生的频率，而惩罚是通过呈现厌恶刺激来降低反应在将来发生的频率。

有机体做出以前曾被强化过的反应，如果在这一反应之后不再有强化物的伴随，那么这一反应在今后发生的概率便会降低，这种现象叫作消退。

---

① （美）斯金纳（B.F. Skinner）著；谭力海等译．科学与人类行为 [M]. 北京：华夏出版社，1989.

维持就是行为的保持。操作性条件作用一旦形成，为了永久保持所获得的行为，应当逐渐减少强化的频次，或者使强化变得不可预测。

逃避条件作用与回避条件作用。当厌恶刺激或不愉快情境出现时，有机体做出某种反应，从而逃避了厌恶刺激或不愉快情境，则该反应在以后的类似情境中发生的概率便会增加，这类条件作用称为逃避条件作用。但预示厌恶刺激或不愉快情境即将出现的信号呈现时，有机体自发地做出某种反应，从而逃避了厌恶刺激或不愉快情境的出现，则该反应在以后的类似情境中发生的概率也会增加，这类条件作用称为回避条件作用。“防患于未然”就属于回避条件作用。

（2）认知学习理论

20 世纪 60 年代以后，随着认知心理学的诞生，学习理论开始重视研究学习者处理环境刺激的内部过程和机制，用 S—O—R（O 即学习时的大脑加工过程）模式来取代简单的没有大脑参与的 S—R 联结，强调有机体的学习是在大脑中完成的对于人类经验重新组织的过程，主张人类的学习模式不应该简单地观察实施刺激以后有机体的反应方式，而应该重视学习者自身的建构和知识的重组，应该强调不同类型的学习有不同类型的建构模式，主张在教学中要加强学习者有意义学习的比重，运用同化与顺应的方法有效地促成学习者知识结构的建立。认知学派的主要代表人物有布鲁纳、奥苏贝尔、加涅、皮亚杰等。

①布鲁纳的认知结构学习理论

布鲁纳的主要教育心理学理论集中体现在 1960 年出版的《教育过程》一书中。对于布鲁纳在教育心理学方面做出的卓越成就，美国一本杂志曾这样评价：他也许是自杜威以来第一个能够对学者和教育家谈论智育的人。这足以看出布鲁纳在学术界的崇高威望。

重视学科基本结构的掌握。布鲁纳强调“不论我们选教什么学科，务必使学生理解该学科的基本结构”。所谓基本，就是具有既广泛而又强有力的适用性，学科的基本结构包括基本概念、原理及基本态度和方法等。

掌握学科基本结构的教学原则有：动机原则。几乎所有的学生都具有内在的学习愿望，具有求知欲、成功的欲望和人与人之间和睦共处的需要，内部动机是维持学习的基本动力。结构原则。任何知识结构都可以用动作、图像和符号三种表象形式来呈现。教师应根据学生的年龄、知识背景和学科性质选择最好的呈现方式。程序原则。通常每门学科都存在着各种不同的程序，要根据过去所学习的知识、智力发展的阶段、材料的性质以及个别差异等采取学习者适用的具体程序。强化原则。反馈和强化是有效学习的重要一环。

强调基础学科的早期教学。布鲁纳有句名言——“任何学科的基础知识都可以用某种形式教给任何年龄的任何人”，因此他主张将基础知识下放到较低的年级教学，他认为任何学科的最基本的观念都是既简单又强有力的，教师如果能够根据各门学科的基本概念按照儿童能够接受的方式开展教学的话，就能够帮助学生缩小“初级”知识和“高级”知识之间的差距，有效地促进知识之间的迁移，引导学生早期智慧的开发。他认为，加强基础学科的早期教学，让学生理解基础学科的原理，向儿童提供具有挑战性但是适合的机会使其步步向前，有助于儿童在学习的早期就形成以后进一步学习更高级知识的同化点。布鲁纳列举了物理学和数学学习中的例子来进一步说明，如果儿童能早一点儿懂得学科学习的基本原理的话，就能更容易地完成学科知识的学习，他把这种对学科基本原理的领悟和掌握称为通向“训练迁移”的大道，其意义在于不仅能够帮助儿童理解当前学习所指向的特定事物，而且“能促使他们理解可能遇见的其他类似的事物”。

主张学生的发现学习。所谓发现是指学习者独自遵循他自己特有的认识程序亲自获取知识的一切方式。教学是要促进学生智慧或认知的生长，“教育工作者的任务是要把知识转换成一种适应正在发展着的学生的形式，以表征系统发展的顺序，作为教学设计的模式”。由此，教师在教学中要使用发现学习的方法。

使用发现法应遵循四个步骤：创设问题情境，提出学生感兴趣的问题；激发学生探究的欲望，提供解决问题的各种假设；从理论上或实践上检验自己的假设；引导学生运用分析思维去验证结论，最终使问题得到解决。

布鲁纳之所以强调在教学中要重视学生的发现学习，原因在于他通过比较研究发现学习和接受学习，看到发现学习有以下几个比较明显的优点：第一，有助于激发学生的好奇心和探索未知事物的兴趣；第二，有助于调动学生的内部动机和学习的积极性；第三，有助于学生批判性、创造性思维的发展。

当然，发现法自身也有局限，这就是，只有极少数高水平的学生能真正用发现法学习，对学得慢的学生来说，发现学习是比较难的；对发现学习的界定缺乏科学性和严谨性；发现学习比较费时间，很难保证学习效率。

②奥苏贝尔的认知同化理论

奥苏贝尔是美国的认知心理学家，他对教育心理学的杰出贡献集中体现在他对有意义学习理论的表述中。他在批判行为主义简单地将动物心理等同于人类心理的基础上，创造性地吸收了皮亚杰、布鲁纳等同时代心理学家提出的著名的有意义学习、先行组织者等理论，并将学习论与教学论两者有机地统一起来。

有意义学习。奥苏贝尔学习理论的核心是有意义学习。[①] 他指出："有意义学习过程的实质就是符号所代表的新知识与学习者认知结构中已有的适当观念建立非人为的和实质性的联系。"在他看来，学习者的学习，如果要有价值的话，应该尽可能地有意义。奥苏贝尔将学习分为接受学习和发现学习、机械学习和意义学习，并明确了每一种学习的含义及其相互之间的关系。为了有效地区分这四种学习，奥苏贝尔提出了有意义学习的两条标准：第一条，学习者新学习的符号或观念与其原有知识结构中的表象、有意义的符号、概念或命题等建立联系，如学习者在了解哺乳动物的基本特征后，再对照特征，知道鲸也属于哺乳动物家族中的一员。第二条，新知识与原有认知结构之间的联结是建立在非人为的、合乎逻辑的基础上的，如四边形的概念与儿童原有知识体系中的正方形的概念的关系并不是人为地强加的，它符合一般与特殊的关系。

奥苏贝尔在提出有意义学习标准的基础上进一步指出了有意义学习的两大条件：一是内部条件，学习者表现出有意义学习的态度倾向，即学习者表现出积极地寻求

① （美）戴维·保罗·奥苏贝尔著；毛伟译．意义学习新论 获得与保持知识的认知观 [M]. 杭州：浙江教育出版社，2018.

把新学习的知识与本人认知结构中原有知识联系起来的行为倾向性。二是外部条件，所要学习的材料本身要符合逻辑规律，能与学习者本人的认知结构、认知特点相吻合，在学习者的认知视野之内。

奥苏贝尔提出了人类存在的三种主要的有意义学习的类型。

一是表征学习，主要指词汇学习，即学习单个符号或一组符号代表的是什么意思。比如，“cat”这个单词，对刚刚接触英语的孩子来说是无意义的，但老师多次指着猫对孩子说这就是“cat”，最后孩子自己看见猫的时候也会说这就是“cat”，这时候我们就能说孩子对“cat”这个符号已经获得了意义。

二是概念学习，主要指学习者掌握同类事物的共同的关键特征。比如，学习者学习了“鸟”的概念，知道了鸟的共同的关键特征是体温恒定、全身有羽毛后，儿童能指出鸡也应该属于鸟类，这个时候我们就能说学习者已经掌握了“鸟”这个概念了。

三是命题学习，命题学习必须建立在概念学习的基础上，是学习若干概念之间的关系或把握两个（或两个以上）特殊事物之间的关系的活动。这是一种最高级别的学习类型。学习若干概念之间的关系称为概括性命题学习，比如，学习长方形的面积等于长乘以宽，这里的面积、长、宽可以代表任意长方形的面积、长和宽，而这里的乘积表示的是任意长与宽之间的联系。

知识的同化。奥苏贝尔学习理论的基础是同化。他认为学习者学习新知识的过程实际上是新旧知识之间相互作用的过程，学习者必须积极寻找存在于自身原有知识结构中的能够同化新知识的停靠点，这里同化主要指的就是学习者把新知识纳入已有的认知结构中去，从而引起量变的过程。奥苏贝尔指出，学习者在学习中能否获得新知识，主要取决于学生个体的认知结构中是否已有有关的概念（即是否具备同化点）。教师必须在教授有关新知识以前了解学生已经知道了什么，并据此开展教学活动。

奥苏贝尔按照新旧知识的概括水平及其相互间的不同关系，提出了三种同化方式。

一是下位学习（又称类属学习）。主要是指学习者将概括程度处在较低水平的概念或命题纳入自身认知结构中原有概括程度较高水平的概念或命题之中，从而掌握新学习的有关概念或命题。按照新知识对原有知识产生影响的大小，下位学习又可以分为两种：一种是派生类属学习，即新学习的知识仅仅是学习者已有概念或命题的一个例证或是一种派生物。例如，学习者掌握了个性心理的基本特征后，就不难理解个性心理中具有代表性的性格特征了，这种学习不仅使新知识获得了意义，而且使原有知识获得了证实或扩充。另一种是当学习者获得一定的类属于原有概念或命题的新知识以后，自身原有的概念或命题进一步精确化，受到限制、修饰或扩展，这种学习称为相关类属学习。例如，学习者已经熟悉了“氯在点燃状态下可以与铁发生化学反应”的命题，现在学习新的命题“溴在点燃状态下也可以与铁发生化学反应”，后一命题与前一命题之间只是相关关系，后者不可以从前者中派生出来。

二是上位学习（又称为总括关系）。是指在学习者已经掌握几个概念或命题的基础上，进一步学习一个概括或包容水平更高的概念或命题。如学习者在熟悉了“感知”“记忆”“思维”这些下位概念之后，再学习“心理过程”这个概括程度更高的新的概念，这个概括水平更高的新概念主要通过归纳原有下位概念的属性而获得意义。

三是并列结合学习。当新学习的概念和命题既不能与原有知识结构中的概念或命题产生下位关系，也不产生上位关系，而是并列关系时，这时的学习便只能采用并列结合学习。如学生在学习了心理过程的基本概念以后，再学习个性心理的有关知识，这时的学习就是并列结合学习。

奥苏贝尔还在有意义学习和同化理论的基础上提出了学习的原则与策略。

关于学习，他提出了以下三条原则：

一是逐渐分化原则。这条原则主要适合下位学习，奥苏贝尔认为学习者在学习新知识时，用演绎法从已知的较一般的整体中分化细节要比用归纳法从已知的具体细节中概括整体更容易，因而教师在传授新知识时应该先传授最一般的、概括性最强的、包摄性最广的概念或原理，然后再根据具体细节逐渐加以分化。二是综合贯通原则。这条原则主要适合上位学习和并列结合学习，奥苏贝尔主张教师在用演绎法渐进分化出新知识的同时，还要注意知识之间的横向贯通，要及时为学习者指出新旧知识间的区别和联系，防止由于表面说法的不同而造成知识间人为的割裂，促进新旧知识的协调和整合。三是序列巩固原则。这条原则主要针对并列结合学习，该原则指出对于非上位、非下位关系的新旧知识可以使其序列化或程序化，使教材内容由浅入深、由易到难。同时，奥苏贝尔也指出，对于这类知识的学习，教师还应该要求学习者及时采取纠正、反馈等方法复习回忆，保证促进认知结构中原有观念的稳定性以及对新知识掌握的牢固性。

关于学习策略，奥苏贝尔为了有效地贯彻这三条原则，提出了具体的先行组织者策略。先行组织者是指在呈现新的学习任务之前，由教师先告诉学生一些与新知识有一定关系的，概括性和综合性较强、较清晰的引导材料，帮助学生建立学习新知识的同化点，以有效促进学习者的下位学习。根据所要学习的新知识的性质，奥苏贝尔列出了两种不同类型的先行组织者。对于完全陌生的新知识，他主张采用说明性组织者（或陈述性组织者），利用更抽象和概括的观念为下一步的学习提供一个可资利用的固定观念；对于不完全陌生的新知识，他主张采用比较性组织者，帮助学生分清新旧知识间的共同点和不同点，为学生获得精确的知识奠定基础。

③加涅的信息加工理论

学习阶段。加涅在对学习活动进一步分析的基础上，把与学习过程有关的教学划分为以下八个阶段：

一是动机阶段。要使有效学习行为发生，学习者必须有学习意向，所以学习的准备工作就是由教师以引起学生兴趣的方法去激发学生的学习动机。

二是了解阶段。在这个阶段，教学的措施要引起学生的注意，提供选择性的知觉。主要的目的在于促使学习者将学习的注意力指向与他的学习目标有关的各种刺激。

三是获得阶段。教学在此阶段的任务是支持学生把了解到的信息转入短时记忆系统，也就是对信息进行必要的编码和储存。教师可向学生提示编码过程，帮助学习者采用较好的编码策略来学习知识，以有利于信息的获得。

四是保持阶段。这个阶段主要是让学习者把获得阶段所得到的信息有效地放到长时记忆的记忆存储器中去。存储信息的内部过程到底在多大程度上受教学方式的影响，现在还没有完全研究清楚。但是，加涅认为有效的学习应适当地安排条件，如同时呈现不同的刺激来代替相似刺激，相互间干扰的减少就可以间接地影响信息的保持。

五是回忆阶段。也就是信息的检索阶段。在此阶段，为使所学的知识能以一种作业的形式表现出来，线索是必不可少的，因而加涅主张教学可以采取提供线索以引起记忆恢复的形式，或者采取控制记忆恢复过程的形式，以保证学生可以找到适当的恢复策略加以运用。另外，他认为教学还可以采用包括“有间隔的复习”等方式，使信息恢复有发生的机会。

六是概括阶段。在此阶段，教师提供情境，使学生学到的知识和技能以新颖的方式迁移，并提供线索，以应用于以前不曾遇到的情境。

七是作业阶段。在此阶段，教学的大部分是提供应用知识的时机，使学生展现出学习的效果，并为下阶段的反馈做好准备。

八是反馈阶段。在此阶段，学生关心的是他的作业接近或达到他的预期标准的程度。如果学生能够得到完成预期目标的反馈信息，对强化学习过程将有很大的影响。

（3）建构主义学习理论

建构主义是认知主义的进一步发展。在皮亚杰和早期布鲁纳的思想中已经有了建构的思想，但相对而言，他们的认知学习观主要在于解释如何使客观的知识结构通过个体与之交互作用而内化为认知结构。自 20 世纪 70 年代末起，以布鲁纳为首的美国教育心理学家将苏联教育心理学家维果茨基的思想传入美国，对建构主义思想的发展起到了极大的推动作用。维果茨基在心理发展上强调社会文化历史作用，强调活动和社会交往在人的高级心理机能发展中的突出作用。他认为，高级的心理机能来源于外部动作的内化，这种内化不仅通过教学，也通过日常生活、游戏和劳动等实现。另一方面，内在智力动作也外化为实际动作，使主观见之于客观。所有这些都对当今的建构主义者产生了很大的影响。

建构主义学习理论的基本观点：

建构主义在知识观、学生观、学习观等方面提出了许多新观点，其中有些观点虽过于激进，但对传统的教学和课程理论提出了巨大挑战，值得我们深思。

知识观。建构主义对知识的客观性和确定性提出了质疑，强调知识的动态性和情境性。它强调，知识并不是对现实的准确表征，它只是一种解释、一种假设，并不是问题的最终答案。知识并不能精确地概括世界的法则，在具体问题中，我们并不是拿来使用、一用就灵，而是需要对具体情境进行再创造。不同的学习者对同一个命题会有不同的理解。

学生观。建构主义者强调，学生并不是空着脑袋走进教室的，他们在日常生活、学习中已经形成了丰富的经验。所以，教学不能无视学生的这些经验，而是要把儿童现有的知识经验作为新知识的生长点，引导儿童从原有的知识经验中“生长”出新的知识经验。教学要为学生创设理想的学习情境，增进学生之间的合作，激发学生的推理、分析等高级思维活动，促进学生自身积极的意义建构。

学习观。建构主义认为，学习不是教师向学生传递知识，而是学生建构自己的知识的过程。学生不是被动的信息吸收者，而是意义的主动建构者，这种建构不可能由其他人代替。学习者的知识建构过程具有三个重要特征：一是学习的主动建构性。面对新信息、新概念和新命题，每个学生都在以自己原有的知识经验为基础建构自己的理解。二是学习的社会互动性。学习任务是通过各成员在学习过程中的沟通交流、共同分享学习资源完成的。三是学习的情境性。知识并不是脱离活动情景抽象地存在，知识只有通过实际情景中的应用活动才能真正被人理解。因此，学习应该和情景化的社会实践活动结合起来。

（4）人本主义学习理论

人本主义是20世纪50年代末60年代初在美国出现的一种重要的教育思潮，主要的代表人物是马斯洛、罗杰斯等。人本主义心理学的主要观点是：心理学研究的对象是“健康的人”；生长与发展是人的本能；人具有主动地、创造性地做出选择的权利；人的本性中情感体验是非常重要的内容。

①马斯洛的需要层次论

马斯洛认为人的需要有五种，它们由低到高依次是生理需要、安全需要、归属和爱的需要、尊重的需要和自我实现的需要。[①]在人的需要层次中，最基本的是生理需要；在生理需要得到基本满足之后，便是安全需要，即表现为个体要求稳定、安全、受到保护、免除恐惧和焦虑等；这之后是归属和爱的需要，即个体要求与他人建立感情联系，如结交朋友、追求爱情等；随后出现的是尊重需要，它包括自尊和受到他人尊重。这四种需要统称为缺失性需要。在上述这些低一级的需要得到基本满足之后，便进入自我实现需要层次。作为一种高级的需要，自我实现是指完满的人性和个人潜能的充分实现。从学习心理的角度看，人们进行学习就是为了追求自我实现，即通过学习使自己的价值、潜能、个性得到充分而完备的发展和实现。

马斯洛的需要层次理论说明，在某种程度上学生缺乏学习动机可能是由于某种缺失性需要没有得到充分满足而引起的。如家境贫困使得温饱得不到满足；父母离异使得归属与爱得不到满足；教师过于严厉和苛刻，使得安全需要和尊重需要得不到满足等。所以，教师不仅要关心学生的学习，也应该关心学生的生活和情感，要让学生感觉到老师是尊重和热爱他们的，以排除影响学生学习的一切干扰因素。

②罗杰斯的自我实现人格论[②]

人本主义心理学家认为，人的成长源于个体自我实现的需要，自我实现的需要是人格形成、发展的驱动力。人格发展的关键就在于形成和发展正确的自我概念。而自我概念的正常发展必须具备两个基本条件：无条件的尊重和自尊。其中，无条件的尊重是自尊产生的基础，因为只有别人对自己有好感（尊重），自己才会对自己有好感（自尊）。

患者中心疗法。罗杰斯认为患者有自我实现的潜能，这种潜能不是治疗者所创

① （美）马斯洛（A.H. Maslow）著；许金声，刘锋译. 自我实现的人 [M]. 北京：生活·读书·新知三联书店，1987.

② A.J. Romiszowski （1987），Design Instructional Systems, New York： Nichols Publishing Company.

建的，而是在一定条件下自由释放出来的，故采用“患者中心疗法”。基本做法是鼓励患者积极叙述问题，自己解决问题。治疗者在治疗过程中，不为患者解释过去压抑于潜意识中的经验与欲望，也不对患者的自我报告加以评价，只是适当地重复患者的话，帮助他澄清自己的思路，使患者自己逐步克服他的自我概念的不协调，接受和澄清当前的态度和行为，达到自我治疗的效果。而要有效地运用患者中心疗法，使患者潜在的自我得到实现，必须具备三个基本条件：①无条件地积极关注。治疗者对患者应表现出真诚的尊重、关心、喜欢和接纳，即使当患者叙述某种可耻的感受时，也不表示冷漠或鄙视，即“无条件的尊重”。②真诚一致，不能虚伪做作。③移情性理解。治疗者要深入了解患者体验到的感情和想法，设身处地地了解和体会患者的内心世界。

（5）自由学习理论

罗杰斯在其撰写的《学习的自由》一书中，提出了以自由为基础的自由学习原则，主要包括以下几方面：①人生来就有学习的潜力。②教材有意义且符合学生学习目的时才会使其产生学习欲望。③学生只有在较少威胁的教育情境下才会有效地学习。这里所说的威胁是指个人在求学过程中因种种因素所承受的心理压力。④主动、自发、全身心投入的学习才会产生良好效果。⑤学生自评学习结果。这有利于培养独立思考的能力和创造力。⑥重视生活能力的学习，以应对变动的社会。⑦涉及学习者整个人（包括情感和理智）的自我发起的学习，是最持久、最深刻的学习。⑧在现代社会中最有用的学习是了解学习过程、对经验始终持开放态度，并把它们结合到自己的变化过程中的学习。

2. 教学设计与学习理论

（1）以行为主义联结学派心理学为基础的斯金纳程序教学设计理论的诞生与早期发展

行为主义产生于20世纪20年代的美国，由华生创始。主张用客观方法研究客观行为，提出刺激—反应联结公式，即刺激得到反应，学习就完成了。他们的环境决定论和教育万能论都说明行为主义十分重视学习，但是他们对学习的研究仅仅局限于外部现象和外在条件，完全否定人的内部心理的存在。四五十年代，以斯金纳为代表的新行为主义主张“教育是塑造人的行为”，在长期的研究中，斯金纳形成了学习和机器相联系的思想，制造了教学机器来实现“小步子教学”。尽管教学机器对教师主导作用的发挥存在障碍，对学生学习动机考虑甚少，但是程序教学的耐心、促进主动学习的热情和及时反馈的速度几乎是一般教师所不及的，从而促成了 60 年代的程序教学运动。

程序教学思想对教学设计产生了深刻影响，到 20 世纪 70 年代后，程序教学思想和方法又被广泛用于计算机辅助教学，但是行为主义把人视为消极被动的机械结构，任由环境摆布，否定人的主观能动作用，否定大脑对行为的支配和调节作用，使其在理论上显得苍白无力，因此教学设计不得不寻求其他理论。

（2）教学设计吸收各学习理论学派精髓作为其科学依据进行教学设计的实践

随着脑科学的发展，人们对心理认知的研究逐渐增多，使心理学中认知学派占据了主导地位。认知学派源于格式塔心理学，核心观点是学习不是机械的、被动的刺激—反应联结，学习是通过主体的主观作用来实现的。瑞士心理学家皮亚杰提出认知结构说。认为认识是主体转变客体的过程中形成的结构性动作和活动，认识活动的目的在于取得主体对自然、社会的环境的适应，达到主体与环境之间的平衡，主体又通过动作对客体的适应推动认识的发展。他将 S—R 联结改为 S—AT—R 联结，其中 A 代表同化，T 代表主体的认知结构。强调新旧知识相联系的过程，表明只有学习者把外来刺激同化进原有的认知结构中去，学习才会发生。20 世纪 60 年代，美国认知学派代表人物布鲁纳提出认知发现说，认为人的认知活动是按照一定阶段的顺序形成和发展的心理结构来进行的。这种心理结构就是认知结构。他提出的知识结构论和学科结构论是其发展理论同时付诸实践的主要功绩。他认为要让学生学习学科的基本结构，并指出学生在特定的年龄有特定的观察事物和解释世界的方式，任何观念都应该用一定年龄学生的思维方式去阐述。

认知学派的启示：学习过程是一个学习者主动接受刺激、积极参与和发散思维的过程。学习是依靠学习者的主观建构，把新知识同化到原有的认知结构中去。因此学习必须以原有的知识为基础，也只有丰富的知识才能启迪智力的发展，形成良好的认知结构。

要重视学科知识结构与学生认知结构的关系，以保证有效地学习。

近三十年来，加涅吸收了行为主义和认知学派的精华，成为联结—认知学派的代表人物。他主张既要揭示外部刺激与外在反应的作用，又要揭示内部过程的内在条件的作用。他的《学习条件》和《教学设计的原理》为教学设计提供了更多的支持。

（3）教学设计本身的理论结构将随着学习理论的发展而变得更严密更有效

历史证明，脑科学的发展使得学习心理学拨开了蒙在眼前的迷雾而逐步走向明朗。脑科学至今仍是一项未竟的事业，相信未来脑科学的继往开来将再次推动学习心理学的发展，而学习心理学的深入也必将把教学设计引向更加成熟。

（三）教学理论与教学设计

教学理论是为解决教学问题而研究教学一般规律的科学。教学设计是科学地解决教学问题、提出解决方法的过程，为了解决教学问题，就必须遵循教学客观规律，因此教学设计离不开教学理论。

1. 教学设计的产生是教学理论发展的需要

古今中外的大量材料已经发现和揭示了许多教学过程中稳定性、普遍性的内在本质的联系和客观规律。但是教学理论多是涉及教学过程及其理论原理的个别方面，不能完整反映整个教学过程，因而在实践中推广容易陷入片面。另外，教学理论的层出不穷会使有的人无所适从，还有的人忽视发展，只知继承。人们已经认识到尽管教学理论对教学过程各要素都有肯定、明确的总结和认识，但是面对复杂的教学问题和教学过程中各要素的错综关系，仍然束手无策，教学设计正是应这种需要而产生的。

2. 教学理论的研究和发展为教学设计提供了科学依据

我国古代有孔孟的儒家教学思想，如孔子的学而不思则罔、思而不学则殆，举一反三，因材施教和孟子的循序渐进、专心有恒等，又如《学记》中及时施教、教学相长、长善救失。近现代，蔡元培、陶行知、陈鹤琴等教育家提出要发展儿童的个性，必须从儿童的特点出发，发挥主观能动性，培养独立学习能力。

国外教学理论的发展首推西方。萌芽时期有苏格拉底、柏拉图的教育思想，昆体良的问答法、练习法、模仿等教学方法。近代夸美纽斯的《大教学论》对教育目的、内容和直观性、系统性、巩固性教学原则做了比较系统的阐明，并提出了班级授课制。卢梭提出了观察法、游戏法。现代的杜威反对传统的教师中心和课堂中心，主张儿童中心和“做中学”的教学方法。尽管对教师在教学中的主导作用和系统科学知识的学习有所忽视，但对反传统教学具有重大的意义。

教学设计形成于20世纪60年代末，而50年代后发展起来的当代教学理论越来越受到青睐，教学设计也就更多、更直接地从中寻找科学依据。这包括布鲁姆以行为结果作为目标分类依据的教育目标分类理论、掌握学习理论、形成性评价理论，奥苏贝尔提出的有意义学习的观点和先行组织者的教学程序，等等。

3. 教学设计与教学理论的相互影响促进双方的进一步发展

教学理论是对一定条件下采取一定教学行动后产生的结果的客观总结，因此不可能适用于所有的教学实践。教学设计是运用系统方法鉴别教学实践中要解决的问题，根据问题情境，通过比较选择合适的教学理论作为依据来制定解决问题的策略，试行中还可以调整。这样，教学设计在系统过程中为教学理论应用实践的成功创造了良好的环境。另外，在解决实际教学问题时，会发现有的教学理论有不足之处，也会发现没有教学理论可以借鉴的情况，这样可以促使人们进一步地研究。而教学理论的完善，必将促进教学设计的成功。

（四）教学设计与系统科学理论

所谓系统方法，就是运用系统论的思想、观点，研究和处理各种复杂的系统问题而形成的方法，即按照事物本身的系统性把对象放在系统的形式中加以考察的方法。它侧重于系统的整体性分析，从组成系统的各要素之间的关系和相互作用中去发现系统的规律性，从而指明解决复杂系统问题的一般步骤、程序和方法等。无论是宏观教学系统设计，还是微观教学系统设计，都强调系统方法的运用。系统方法采用的步骤是：

（1）系统地分析所要解决的问题的目标、背景、约束条件和假设，其目标是系统要求实现的功能；

（2）调研，收集与问题有关的事实、资料和数据，分析各种可能性，提出各种可供选择的方案；

（3）对这些方案做出分析，权衡利弊，选出其中最优方案并提出优化方案的准则；

（4）具体设计出能体现最优方案的系统；

（5）进行系统的研制、试验和评价，分析是否达到了预期的结果，发现不足之处及时纠正，直到实现或接近理想设计为止；

（6）应用和推广。

二、几种主要的教学系统设计理论

（一）加涅的教学系统设计理论

核心思想：为学习设计教学，加涅认为教学必须考虑影响学习的全部因素，即学习的条件。学习的条件分为内部条件和外部条件。①

1. 加工系统

加工系统主要由信息的接收器、感觉登记器（记录器）、工作记忆和长时记忆组成。从学习环境中来的刺激作用于学习者的感受器，信息在一个感受记录器里短暂停留后由选择性知觉经过加工输入短时记忆。如果信息在短时记忆中没有被复诵，一般保留不到 20 秒，且短时记忆的容量有限，一次只能记忆 7 个项目。需要记忆的信息须经过语义编码转化成有意义的形式进入长时记忆。长时记忆的信息经过两条途径进入反应发生器。一是长时记忆中的信息先回到工作记忆，再由工作记忆进入

① （美）加涅著；皮连生等译．教学设计原理 [M]. 上海：华东师范大学出版社，1999.

反应发生器，引起反应。这种条件下，人能意识到从长时记忆中提取信息。另一条途径是长时记忆中的信息直接进入反应发生器，引起反应。这种条件下，反应是自动进行的，不受人意识的控制。当信息从短时记忆或长时记忆中提取并传递到反应发生器激活效应器（肌肉）时，就导致学习者对环境可观察到的行为，至此学习者就完成了一次学习过程。

2. 执行控制系统

执行控制系统的调节与控制作用主要体现在：

①感觉系统进行调节，使之选择适当的信息，予以注意；

②指导工作记忆中的信息加工方式的选择；

③对工作记忆和长时记忆中表征形式的选择；

④对长时记忆中的知识提取线索的选择；

⑤对解决任务的计划的执行予以监督。

3. 预期系统

预期是指人的信息加工活动是受目的指引的。认知目的能指引认知加工方式的选择，如学习者对学习结果有什么期望会对其如何感知外界刺激、如何编码记忆产生影响。认知加工活动的实现和预期目标的达成会带来情感的满足，由此进一步激励新的认知行为，所以预期是与信息加工活动的动力有关的系统。

在加涅看来，学习的发生要同时有外部条件和内部条件，教学的目的就是合理安排可靠的外部条件，以支持、激发、促进学习的内部条件，这就需要对教学进行整体设计，即教学设计。因为学习的过程有许多阶段，所以教学也有相应的阶段。

（二）瑞格鲁斯的教学系统设计理论

1. 核心观点

教学设计理论就是“教学科学”，教学系统设计理论是规定性的教学理论。瑞格鲁斯还提出了关于建立教学系统设计理论知识库的构想。① 他把教学理论的变量分

① Charles M. Reigeluth（1983）, Instructional-Design Theories and ModelsilAn Overview of Their Current Status， Hillsdale，NJ： Lawrence Erlbaum Associates，USA.

为教学条件、教学策略、教学结果，并进一步把教学策略变量细分为教学组织策略、教学管理策略和教学传输策略。

教学组织策略可以进一步分为“宏策略”和“微策略”。宏策略：揭示学科知识内容中的结构性关系，也就是各部分之间的相互作用和相互联系。在实际教学中，用来指导对学科知识内容的组织和对知识点顺序的排列，它是从全局考虑学科知识内容的整体性记忆中各个部分之间的关系。微策略：强调按单一主题组织教学，策略部件包括定义、例题、练习等。在实际教学中，为如何教特定的学科内容提供“处方”，考虑的是一个个概念或原理的具体教学方法。

2. 细化理论

细化理论（the Elaboration Theory，简称 ET）的最早提出者是瑞格鲁斯，该理论的基础是认知学习理论。新知识的获取与保持在很大程度上取决于学习者原有的认知结构。奥苏贝尔是这种观点的最早提出者之一，他因提出先行组织者教学策略而著名。该理论是建立在两个关于认知结构的假定的基础之上的。

知识按层次结构组织，抽象程度较高的知识处于较高层次，随着抽象程度降低，其所处的层次也逐步降低。认知结构中的知识是相互作用、相互联系的。细化理论组织教学内容的基本原则是把更广泛、更一般的概念放在较高层次。除此之外，关注学科内容的各个部分如何彼此相关，记忆各个部分和整个学科之间的关系。

模式概括：一二四七

①一个目标：指 ET 的全部内容都是为了达到一个目标——按照认知学习理论实现对教学内容（当前所教学科知识内容）最合理而有效地组织。

②两个过程：是指 ET 主要通过两个设计过程来实现上述目标。一是“概要”设计，“广角”看全部。二是一系列细化等级设计，“变焦”看部分。横纵两方面：同一等级上对不同教学内容细化（复杂程度相同），同一教学内容在相继等级中细化（复杂程度不同）。

③“选择”（selection）、“定序”（sequencing）、“综合”（synthesizing）和“总结”（summarizing），简称 4S。

选择是指从学科的知识内容中选出为了达到总的学习目标或单元的教学目标所要教的各种概念和知识点，从而为概要设计做好准备，这是ET的初始设计任务。

定序目的是要使教学内容（学科知识内容）按照“从一般到特殊”的次序来组织和安排，这既是概要设计和细化系列设计的指导思想，又是设计的基本内容，应该贯穿在这两个设计过程的始终，从而保证每次细化结果的一致性。

综合是要维护知识体系的结构性、系统性，即确定各个知识点之间的相互联系。通过综合应使学习者看到各个概念之间的关联以及它们在更大的概念图中（乃至整个课程中）所处的地位。在每一级细化过程中都将有两种形式的综合发生：内部综合与外部综合。

总结对于学习的保持和迁移都是很重要的。两种总结：一种是课后总结，另一种是单元总结。

④七种策略：指为保证细化过程的有效性和可操作性，必须在细化过程中适当运用的有关教学内容组织的七种宏策略。

宏策略1：用于确定课程内容的细化顺序。

宏策略2：用于确定每一堂课的内容顺序。

宏策略3：用于确定总结的内容及总结的方式。

宏策略4：用于确定综合的内容及综合的方式。

宏策略5：用于建立当前所学新知识与学习者原有知识之间的联系（这是帮助学习者实现意义建构的关键）。

宏策略6：用于激发学习者的学习动机和认知策略，使学习者始终处于积极的信息加工状态。

宏策略7：用于实现学习者在学习过程中的自我控制。

3. 应用

以某一节课的教学为例：

①给出本节课的概要（完成概要设计）；

②嵌入动机激发器帮助学习者形成学习动机；

③如果概要内容较抽象难懂则应进一步给出形象化的比喻（或适当的类比）；

④顺序呈现按照宏策略 1 和宏策略 2 的要求以及一系列细化设计结果组织起来的教学内容；

⑤运用宏策略 5 建立新旧知识之间的联系，以促进学习者的意义建构；

⑥根据学习情况的需要嵌入认知策略激发器，以帮助学习者提高学习质量与效率；

⑦提供本节课的课后总结；

⑧提供本节课的课后综合。

（三）史密斯和雷根的教学系统设计理论

尽管不同的学习结果需要不同的教学策略，但是教学过程一般都包括四个阶段：导入、主体部分、结论和评定。

在训练情境中（如军事训练），一般包括引起注意、提高动机、给出课的概要、解释和详细说明知识，以及学习者在监督下来练习、评价、总结、鼓励、结论等若干教学事件。

史密斯和雷根认为一般教学过程包括以下 15 个教学事件。①

①导入阶段：

· 引起注意；

· 建立教学目标；

· 唤起兴趣和动机；

· 课的概述。

②主体部分：

· 回忆先前学过的知识；

· 处理信息和例子；

· 集中注意力；

① 史密斯，雷根著；庞维国等译．教学设计第三版 [M]. 上海：华东师范大学出版社，2008.

· 运用学习策略；

· 练习；

· 评价反馈。

③结论部分：

· 总结和复习；

· 知识迁移；

· 进一步激励和完成教学。

④评价阶段：

· 评定作业；

· 评价反馈和补救教学。

第四章　大学英语教学方法与策略

第一节　教学方法与实践分析

一、教师要有效地组织教学

所谓组织，既包括整个教学过程的组织，也包括某一教学环节的组织。教师要横向地扩展学生的思维，并且消除学生“答错”的顾虑，鼓励学生勇于发言。拓展学生的思维，“垫高”学生的探索思路，以接近问题的解决，使学生能够发言。鼓励不善言谈的学生多发表见解，有创新思维的学生发表好见解，然后“百家争鸣”“推陈出新”地讨论、争辩、总结、提炼，使答案（结论）趋向完美。总之，要通过教师对学生学习英语的教学组织，培养出学生乐于探究、乐于讨论的积极态度，激发出师生互动、生动活泼的探讨热情，营造出科学探索、追求真理的研究氛围，让大多数学生乐于思索，勇于表达。

二、在教学中以学生为中心

在大学英语教学中以学生为中心，以人为本，以调动学生自身学习英语的主动性、积极性为手段，以提高学生的学习兴趣、学习能力、创新意识为宗旨，在激发学生潜能、启迪学生思维的过程中传授大学英语知识与技能，促进学生知识、能力、素质的综合协调发展。教学中以学生为中心，而不是以教师为中心，也不是以教材为中心。

以人为本，而不是以知识为本，更不是以“应试”为本。以调动学生自身的学习主动性和积极性为手段，而不是以提倡争取“高分”为手段，更不是以让学生被动地死记硬背为手段。以提高学生的学习兴趣、学习能力、创新意识为宗旨，而不是仅仅以记住大量结论、重复多种方法、模仿许多技巧为宗旨。“激发学生的潜能，促进学生的个性发展，培养学生的全面素质”可以看作是研究性教学的终极目标。

三、教师要设置具有挑战性的问题

教师要将问题设置在学生的最近发展区。如“What do you want to be in the future?”“Which teacher do you like best?”“What did you do last night?”“What are your hobbies?”等，让学生感觉到问题很熟悉，但大脑中没有现成的答案，学生必须重新构建自己的知识。学生在自我构建的过程中，张开思维与想象的翅膀，寻找解决问题的策略。寻求的过程有常规的思考，也会有超常的想法，教师要及时引导和发现学生独特、新颖的想法，在独特和新颖中创新。

同时，教师要鼓励学生从不同角度提出问题，思考问题。当学生从不同角度提出问题的时候，学生思维的独创性和灵活性就充分体现出来了；当学生从不同角度思考问题时，就会加强思维的深刻性。开放性的问题就是指问题的条件、结论、方法，或者过程开放。由于问题开放，学生可以按照自己理解的方法去思考和想象可能的情况，在思考过程中，学生的创新精神和创新品质得到培养。

四、大学英语教学要因材施教

大学英语教学要充分考虑因材施教。要考虑不同起点的学生，既要照顾起点较低的学生，又要给学有余力、基础较好的学生留有发展的空间；既能使学生打下扎实的英语基础，又要培养他们较强的实际应用能力尤其是听说写的能力；既要保证学生在整个大学期间的英语语言水平稳步提高，又要有利于学生个性化的学习。具体情况具体分析，具体情况具体对待，有的放矢，因材施教，才能调动大学生学习英语的自觉性。从辩证的角度看，外因是变化的条件，内因是变化的依据，外因通过内因而起作用。在教学中，教师是外因，学生是内因，学生是课堂教学活动的主体，是决定教学效果的关键。因此要充分调动学生学习的积极性和积极学习的创造性。变“要我学”为“我要学”，就能取得事半功倍的效果。

大学英语课堂教学活动要因材施教，改变单一的满堂灌的旧的教学方法，努力创造一个轻松愉悦的课堂环境，调动英语基础不同的学生学习英语的积极性，使他们主动思考，踊跃发言，积极参与课堂互动学习。以前，大学英语教学中存在一些问题，如教学观念落后、教学方法陈旧。学生作为学习的主体，一直处于被动学习的地位，以教师为中心，一讲到底，还要求学生跟着教师思路走。要改变这种状况，教师要主动让贤，把课堂的主讲交给学生，教师要及时引导，把握大方向。要让学生有话可说，可以在课堂上先让学生提出预习中遇到的问题，如果不够全面，可以有意提问几个学习程度不同的学生。教师把问题归纳整理后，让大家思考这些问题的解决办法。

可以先让学生主动发言，说明他们的观点看法，再让程度较好的学生评论。教师要把握时机，鼓励大家踊跃发言，鼓励大家敢于正视自己的不足，敢于提出问题。鼓励学生之间互动，鼓励学生开动脑筋思考，鼓励英语学习基础较好的学生现身说学习方法，充当小老师；鼓励英语学习基础较差的学生开口讲话。特别是注意引导不同起点的学生在不同教学阶段的主体作用。但教师对问题的正确与否不要过早地下结论，要在大家各抒己见、畅所欲言、充分发表看法之后总结、点评。同时对大家学习的积极性、主动性、创造性给予充分肯定，增强学生学习英语的自信心，如可以对发言积极的学生给予表扬，而不要求他们的观点完全正确，等等。激发学生学习英语的积极性、自觉性，使他们课后自觉复习已学知识、预习新课，期待下一次在课堂上发言。

五、教师应为学生学习英语的“鼓励者”

鼓励可以是“分数”的、物质的，也可以是语言的、精神的。采用“语言”的方式对学生的学习进行精神鼓励，机会很多。可以在学生做的思考题或作业上给予简短的鼓励话语，也可以在英语课堂上对学生的回答做不同程度的表扬。例如，“完全正确”“非常正确”“基本正确”“已经解决了问题的主要部分”“有正确的成分”“已经抓住了问题的要害”“思路是正确的”“已经贴上边了”等。这种鼓励的话语不必太多，但要恰如其分，且同一堂课上尽量不要重复同样的词句。教师对学生的努力做多角度的恰当鼓励，非常必要。教师要充分激发学生的学习动机，鼓励学生充满信心地去探索、学习。大学英语教师应为学生学习英语的“鼓励者”。

六、教师为学生学习英语的“设计者”

英语教师作为“设计者”，在选取英语内容时可以适当地整合知识点，使之体现大学英语的“思想”，这些“思想”往往是知识点遗忘后也仍然能够留存下来精华。大学英语教师在自己的本职工作上要成为一名艺术家。一堂课应像一首娓娓动听的歌曲；一曲扣人心弦的乐章；一篇喜闻乐见的报道；一个悬念迭出的故事；一篇有倒叙、插叙或者直叙的层次分明、中心突出的记叙文……

大学英语教师应发挥“设计者”的作用，设计大学英语教学的程序，包括如何引出问题，推出思考的重点，制造悬念，引起学生的思考，让学生用什么方式探索问题，又如何得到结论。

在“怎样引起学生的思考”方面，教师不要把学习内容以定论的形式直接提出来，而是要把学习内容以问题的形式呈现出来，应该采用以下几种设计：或由一个相关的问题让学生做联想；或一开始就设下悬念，步步深入；或在教师的推理中故意出错，让学生去诊断；在“让学生用什么方式探索”方面，可以让学生独立思考后举手回答；或让学生与同桌讨论后举手回答；或指定学生在黑板上解答后大家讨论；或留思考题让学生课下探讨。大学英语教师应为学生学习英语的“设计者”。

总之，大学英语教学必须摆脱平庸，走向有效，英语教师只有重新审视自己的定位，才能达到高等教育培养人才的目的。教师只有在平时的教学中注重英语教学方法的合理运用，才能使学生逐步掌握学习英语的方法，增强学生的创新意识，提高学生的创新能力，充分调动学生学习大学英语的积极性，以更好地提升人才培养的质量。

第二节　大学英语教学中的文化教学策略

在英语学习的较高阶段，要通过扩大学生接触文化的范围，帮助学生开阔视野，使他们提高对中英文化异同的敏感性和鉴别能力，提高跨文化交际能力。因此，在大学英语教学中应当从语言和文化的角度考虑英语教学的课程设置和教学内容，把文化教学纳入语言教学当中，让学生掌握与语言相关的历史、风俗习惯、社会制度、价值观念、生活方式等文化背景知识，拓展学生的文化知识，提高学生的文化素养，培养学生的跨文化交际能力。

一、文化教学现状

随着市场经济的发展，就业市场竞争日趋激烈，工具型学习动机在大学生学习中占首要地位，大学教学存在着重理工轻人文，重成绩轻素质的倾向。许多大学从课程设置到教学内容以市场需求为主要导向，忽视了学生人文素质的培养和教育。

大学英语教学作为语言文化教学也仍然停留在语言知识认知层面，英语课堂以传授语言知识为主，教学的主要模式仍然是语言点讲解、对话操练，以及围绕语篇教学进行听、说、读、写、译等技能的训练，导致目前广泛存在英语学习者“文化失语症”现象。所谓文化失语症，指的是语言使用者在有关文化内容的思想表达能力、语篇理解的能力部分或全部缺失。

也就是说，在跨文化交际中，对于涉及中西方文化的内容，语言使用者难以理解其正确含义，或者不能使用英语进行正确恰当的表达。人文素质教育是大学教育的一个重要组成部分，学校应当通过文化知识传授、文化熏陶及文化交流，使学生在掌握语言知识的同时，具有一定文化知识架构，并内化为相对稳定的内在修养。

因此，作为人文素质培养的重要科目，大学英语教学应当在教授语言知识、培养语言使用能力的同时，传授英美文化背景知识，开阔学生的视野，提高其文化素养，增强跨文化交际能力，以适应社会发展和国际交流的需要。因此，英语文化教学应当纳入语言教学的体系，大学英语教学应当以提高英语语言文化知识和培养学生跨文化交流的技能为目的进行深度改革。

二、文化教学策略

关于教学策略的含义，和学新认为：“教学策略是为了达成教学目的，完成教学任务，而在对教学活动清晰认识的基础上对教学活动进行调节和控制的一系列执行过程。”（2000）教学策略研究的一个重要目的就是提高教学效率，提高教学质量，实现教学的最优化。如何将文化教学策略运用于大学英语教学中，这无疑是大学英语教学工作者所要思考的重要课题。本部分从以下几方面提出大学英语教学中可采取的文化教学策略，旨在使语言文化教学落到实处，使大学英语教学能有效提高大学生的文化素养和跨文化交际能力。

（一）把文化教学纳入大学英语教学大纲

从 21 世纪初开始，中国大学英语教学改革的进程如火如荼，大学英语教学大纲也在不断修订。然而，就文化教学而言，虽然各级大纲在论述教学目的时都强调培养文化素养的重要性，但所有大纲都围绕语言教学而制定，《要求》对三个层次的教学要求进行具体阐述时，只列出了词汇、语法、听力、口语、阅读、书面表达、翻译等几个项目，而对文化教学应该达到的教学标准、教学内容、教学方法和教学测试与评价没有任何论述。

没有大纲的约束和指导，教师往往只有在时间允许的情况下，根据自己的兴趣向学生介绍一些零星的文化背景知识，远非真正意义上的文化教学。可以说，缺乏大纲的指导，中国的英语文化教学徘徊在外语教学的边缘，起着点缀作用。因此，建议有关部门对文化教学进行研究，开发、制定一个把文化真正纳入大学英语教学的大纲，详细阐述大学英语教学中文化教学的标准、内容，并提供一些教学方法和教学测试与评价手段，使大学英语中的文化教学有章可循，有理论可指导。

（二）编写渗透文化教学的大学英语教材

作为教学活动中的一个重要因素，教材对外语教学起着重要的作用。每一种教材都贯彻着一种相关的理念。跨文化英语教学目的下的教材，理应体现语言和文化教学的教学目标，保证教师和学生在教学大纲的指导下，完成语言文化知识的建构和跨文化交际能力的培养。而目前的大学英语教材，多以传授语言知识、提高语言技能为目的，词汇和语篇理解是学习的重点，体现文化内容的《英美概况》等教材作为选修课使用，将文化内容与语言内容结合起来的大学英语教材极少。

因此，建议教材编写者应重新编写渗透文化教学的大学英语教材，将文化主题与语言能力训练有机结合。在编写教材之时，多选择一些文化题材的语篇，甚至可以借鉴母语教学中的一些语篇选择方法，增加一些蕴含丰富文化内容的文学作品节选。配套的课后练习中，除了语篇中的词汇、语法、阅读理解训练，也要适当编排一些文化知识训练和跨文化交流活动练习，让教学活动既能训练英语语言能力，又能兼顾到文化素养的培养。

（三）刺激学生的文化学习动机

根据Gardner和Lambert关于外语学习动机研究，外语学习的动机主要分为两类：一是工具型动机（instrumental motivation），学习是为了取得文凭、就业需要、获取信息，以及以外语为媒介参加各种娱乐活动；

二是综合动机（integrative motivation），即学习外语是为了与外国人进行交际，学习外国文化和技术，促进文化交流。①

这两种外语学习动机对外语学习都有很大作用，但影响不同。

工具型动机作用下的外语学习，将语言视为工具，不太重视对文化的了解，而综合型动机促使学生在学习语言的同时，学习相关文化，增强文化交际能力。因此，大学英语教学教师应当在刺激学生工具型动机的同时，加强对学生英语学习综合动机的刺激，引导学生认识英语文化学习的重要性，培养学生对外国文化的兴趣和意识，增强学生学习和了解外国文化的动力。

（四）帮助学生进行英语文化知识的建构

文化学习和其他学习活动一样，是一个认知发展的过程。文化学习的认知过程分为：信息的获取、分析、综合、理解和洞察五个阶段。在这个过程中，学生的行为经历意识、关注、反应、实践和互动。

因此，在教学过程中，教师课堂教学活动的安排，一方面要帮助学生获取文化信息，进行相关文化知识建构，另一方面要通过让学生参与、体验和实践，将知识转化为能力，对语言和文化知识进行反思和应用，培养其跨文化交际能力。与第一语言文化学习不同，第二语言和第二文化学习的过程更为复杂，它是一个认知再创造的过程，既包括认知图式的增加，又包括认知图式的调整和修改。

因此，在英语语言文化教学过程中，教师还要帮助学生进行中英两种语言文化的对比，了解文化差异，让学生增强文化意识，让学生在跨文化交流时，做好相应的转换，有效避免跨文化交流中的文化休克和文化失语现象。

① 2009年加拿大应用语言学年会为纪念Gardner & Lambert（1959）这一奠基性的论文发表50周年，特举行了“第二语言学习动机”论坛。Gardner在论坛上做了题为“Gardner & Lambert（1959）：Fifty Years and Counting”的报告，提到该文基于他的硕士论文研究，并奠定了他毕生的学术追求。

（五）测试与评价中增加文化教学内容

测试与评价是教学的有机组成部分，虽然不是教学的目的，但可以对教学活动起促进作用，有效的测试和评价也是对学生学习过程的监督。

随着大学英语教学的改革，语言的听说能力的测试逐步被纳入考试内容中，但纵观中国大学英语的各种测试和评价，从单元测验等形成性评价，到期末考试，四、六级英语水平测试等终结性评价，很少把考查文化知识和能力的测试纳入考试体系和内容当中。

因此，为了能够增进学生对英语语言文化习得的重视性和有效性，各种形式的测试和评价的内容也应当相应做出调整，增加文化知识和能力的测评内容，比如，设置考查词语文化内涵的选择题、跨文化交流的情景对话选择题，测试文化知识的填空题和阅读理解题等。

（六）把英语文化学习的空间延伸到第二课堂

大学英语教学的课时有限，仅靠课堂教学，教师很难把庞大而复杂的英语文化全部传授给学生。作为课堂教学的有效补充，第二课堂对大学生的英语学习起着很大的促进作用。

因此，英语教师可以把文化教学的空间延伸到课外，指导学生开展促进文化知识习得的各种课外活动。比如，推荐英语文学作品、英美报刊等，供学生在课外阅读中增加英语语言文化知识。也可以举办英语语言文化知识讲座或英美电影欣赏等，让学生了解英语国家的社会、政治、经济、历史、习俗等各个层面的文化知识。

随着人们对语言和文化的进一步认识，文化习得在外语习得中的重要性已经成为共识。培养学生语言文化素养和提高学生跨文化交际能力是一项艰巨的任务，也是一项巨大的工程，需要外语教学的各个相关部门通力合作，也需要英语教师们选取恰当的教学策略，在教学的各个环节中予以有效地执行。文化教学，是英语语言教学工作者继续探讨和完善的课题，也将成为培养大学生文化素养的必要手段。

第三节　语言教学与文化教学相结合的大学英语教学策略

大学英语是我国各大高校的公共必修课程，能够有效地提高语言文化修养，以及学生跨国际文化交流能力。但是在整个教学过程中，仍然存在一定问题，即中国文化的缺失，过分强调英美文化，导致我国大学英语教学出现高耗低效的现象。

一、文化的含义

文化是一个国家和民族在社会历史发展过程中所创造的物质文明的总和，是社会遗产，而语言是文化的一部分，与文化密不可分。在英语教学中，文化是指所学语言国家的历史、地理、风土人情、传统习俗、生活方式、文学艺术、行为规范、价值观念等。

在教学实践中，仅仅让学生掌握语音、词汇和语法规则不能助其深入理解英语，实现交际目的。语言不仅仅是符号，它还是人们不同的价值观念、生活方式、思维方式、宗教信仰等文化因素的载体。教师在教学过程中适当穿插西方历史文化背景知识，可以使学生加深对中西方文化差异的理解，达到更好的教学效果。

二、中国与西方文化的差异

每个国家文化上都有其自身特点，国与国之间往往存在较大差异，而中国与西方很多国家之间，这一点上的差异尤为显著。追溯其原因，主要是二者历史文化背景不同所致。在中国两千多年的封建社会历史中，儒家思想一直占据着根深蒂固的统治地位，中国无论古代或是近代社会各个层面都体现群体性的文化性质，即决不允许把个人价值凌驾于群体利益之上。而西方国家的价值观形成于文艺复兴运动，它以人文主义为核心，极崇尚个人为中心，竭力发展表现自我，更多地体现个体文化特征。

三、我国大学英语教学概述

1. 大学英语教学现状

从总体上分析，我国大学英语教学现状呈现喜忧参半的特点，其中可喜的是我国英语学习者数量增多，各大高校对英语教学重视提高，导致学生在英语学习上加大了时间和精力，并在各种考试中取得很好的成绩。但是让人比较担忧的是，学生英语考试成绩提高了，其英语运用能力却没有得到改善，让学生对英语失去兴趣，认为时间花费的多少不会影响成绩。这一现象，对英语教学工作者来说，是一个巨大的难题，值得深刻反思。

2. 语言与文化的关系及其在大学英语教学中的重要性

语言同文化具有密不可分的关系，只有深入了解英语的文化，才能进一步理解和运用英语。尤其是中国大学生在英语学习过程中，将语言与文化紧密结合更为重要，这有利于对中西方文化背景做更深的了解。长期以来，我国在大学英语教学中都忽视了社会文化的重要性，仅仅将英语作为语言工具，为了应对各种各样的考试。但是在实际的英语运用过程中，由于缺少对语言文化的认识，经常出现错误的、不符合语言规则的交流，严重影响我国大学生的英语实用能力。由此可见，在大学英语教学中应该将语言教学和文化教学结合起来，共同构成完整的英语教学过程。

四、当代大学英语教学在文化拓展上存在的问题

在大学英语教学中，对英美文化的教学主要存在以下问题：

（1）缺乏自主性

很多教师在教学过程中均采用传统的课堂授课方式，主要解释词汇、语法、课文语句翻译，涉及深层文化问题，也只是照搬教材上的文化背景介绍，不能很好地

将课文内容与英美文化背景有机地结合起来。

（2）缺乏系统性

语言本身就是一个系统，因此跨文化意识的培养也应系统化。而目前大多数英语教学要么没有传授文化的意识，要么只是对文化进行零散的介绍，甚至与实际教学内容脱节，教学效果很不理想。

五、大学英语教学与文化教学相结合的方法

在大学英语教学中，结合英美文化的方法有很多，适当导入与学生的校园生活密切相关的英美国家的文化背景知识不仅能激发学生学习英语的兴趣，还有利于培养学生对跨文化交际的理解，并且可以从侧面加深对本国文化的理解与认识，从而提高对中外文化差异的敏感性。具体建议方法如下：

1. 采用中西文化对比方式教学

在大学英语教学中，教师可以通过教学内容所涉及的中西文化背景的差异来进行文化导入。例如，通过不同国家对家族关系的理解、礼尚往来、宴请、招待等不同方式让学生了解英美人的思维方式、风俗习惯、主流思想等。再比如，在表达看法时，中国人一般较委婉，而西方人很直接，会在第一时间内把自己要表达的核心先说出来。因此，外语教学中的文化导入就是为了使学生能在日后的交流学习中减少文化差异带来的误解和困惑。

当然，英语教师在导入文化讲解时首先应该明确教学的目的性，所选内容应贴近学生的日常生活，并在一定程度上可以满足学生日后的工作需要，由此才可以提高学生自主学习的兴趣。

2. 多采用课堂交际讨论法进行教学

教师可以在课前就教学内容涉及的英美文化部分以作业形式布置给学生，让学生课后查阅、总结，在授课中引导学生就这些内容进行分组讨论，学生可以就某个问题不受限制地自由交谈。通过这样的方式不仅可以让学生有机会分享、讨论自己

对于英美文化的理解及观点，促进学生间的彼此交流、思考，还给学生提供了一个很好的口语自由表达机会，可以帮助学生牢固掌握一些词汇和语言表达方法，可以在学习语言的同时生动地感受其文化，从而大大提高课堂教学效率。

3. 提高英语教师自身素质

在英语教学中，语言知识是由教师和学生共同配合完成的。教师在教学中要尽量突破传统的主要以教师讲授和学生的机械记忆为主的教学方法，尽量将主动权交到学生手中，以引导学生自主学习为主，采用有效的方法引导学生主动搜集与教学相关的中西方文化材料。与此同时，对教师自身的要求也有所提高，英语教师首先要有培养跨文化交际能力的意识，平时通过大量阅读拓展自己的知识面，加深对英语语言文化的理解，借鉴并吸收外国文化精华，能做到将语言转换成一种文化对象来讲授。

总之，语言是文化的载体，文化是语言的灵魂。吕叔湘先生曾说：“学外语而不懂文化，等于记住了一连串没有实际意义的符号很难有效地加以运用，而且每每用错。”目前，很多英语教师都已经认识到文化在英语教学中具有不可低估的作用，因此将文化教学与语言教学有机结合，让学生在英语课堂中吸收有关的文化知识背景，同时掌握语言技能，会达到良好的教学效果。

六、语言与文化结合的大学英语教学策略

1. 大学英语教学中英美文化导入策略

作为中西方交际的重要语言工具，各方面皆有英美文化的体现，在进行英语教学中，要注意从词汇、结构和语篇等方面进行英美文化导入。

（1）词汇中的文化背景内涵

在各大高校的英语教学中，词汇都占据着重要的地位，其中大量的单词、短语和成语中都蕴含着多种英美文化内涵，反映出英语的文化特色。为了更好地深入了解英美文化的不同，要注重对英美历史背景的认识。在语言和文化关系中，依照特

定的历史背景，能够在语言的词汇中找到深刻的文化内涵。如“Kennedy' s man to go to the well with”中的短语“to go to the well with”就来自于美国抢占土地时期对印第安人的歧视，当时认为在印第安人居住地的井中打水是危险的，其实其真正意义是“a person who can rely on or can be trusted”，即可信赖依靠的人。英语教师在进行特定历史含义词汇讲解时，适时地介绍一定的历史背景能够加深学生对词汇的正确理解。

（2）语篇结构中的文化因素

英语和汉语在语篇结构上最大的不同体现在，英语一般呈“直线型”结构，而汉语更多表现为“曲径通幽”。因此，两种语言在语篇结构上，开头、正文和结尾都有所不同。英语习惯开门见山地提出观点，再运用逻辑推理、事实举证去论证语篇主题，最后得出结论。而汉语喜欢用故事、典故和事例来引出论点，再进一步进行论证，得出结论，所以二者在语篇结构上存在明显的文化差异。要真正实现大学英语教学的高质量、高水准，则必须充分了解中西方文化知识，将其巧妙地引入英语教学过程中，实现语言与文化教学的结合。

2. 大学英语教学中母语文化导入策略

南京大学的从丛教授，在外语教学中最早提出了“中国文化失语”这一概念。在进行大学英语教学过程中，既要导入西方英美文化，更要注重中国文化的导入。

（1）培养教师与学生的文化意识

在传统的大学英语教学中，大部分的英语教师对学科定位不清，在教学内容上不稳定，将语言知识点作为讲解的重点，实现了目的与文化的渗透。而缺少了对中国文化的传播，以及用英语表达中国文化知识的能力，这样在英语教学过程中，难以引导学生加深对英语的深入理解与认识。

因此，要重点培养大学英语教师的母语文化素养，引导教师在教学实践过程中，对比中西方语言文化的差异，才能有效地引导学生感性地思考认识两种不同文化，帮助学生建立跨文化意识，积极传播中国文化。

（2）编写适应教学要求的教材

目前各大高校的大学英语课程，其要求具有了更高规定，即“能翻译介绍中国国情或文化的文章”。这样从政策上实现的大学英语教学目标，进一步体现了中国文化在大学英语教学中的必要性，也对教师和学生提出了更高要求。

因此，对于原有教材应该进行重新修订，以“能翻译介绍中国国情或文化的文章”为指导，调整大学英语教材内容，适度地加入中西方文化相对比的文章，编写出适应中国文化传播的大学英语教材，在大学英语教学的各个环节实现中国文化的导入。

综上所述，在大学英语教学中，除了语言教学，还要加强对文化教学的重视。而这里的文化，不仅仅是西方英美文化，更主要的是中国母语文化，将其有效地导入大学英语教学中，能够提高大学英语教学水平，尽快实现大学英语语言与文化的完美结合。

第四节　反思性教学与大学英语教学的发展

近年来，大学英语教师在不断地探索大学英语教学的改革方案，寻求更加行之有效的理论指导英语教学，改变传统的教学模式，提高课堂教学效果，形成以学生为主体，教师为指导的教学模式。在这种新型教学模式下，教师的教育研究方向从纯粹的教育方法的探索逐步转向研究教师专业化发展的探讨上来。在这一转变过程中，反思能力是教师必备的重要素质之一，也是教师专业化发展的基本方向。

因此，反思性教学作为英语教学重要途径，帮助教师提升教学实践能力的反思性教学的探究方式也就应运而生。同时随着教师专业发展运动的不断推进，对外语教师的教育除强调教学技能的培训和理论素养的提高外，更强调教师自我发展的反思意识，因此反思性教学作为一种全新的英语教师自身发展的有效途径的探索，受到越来越多的关注。

一、反思性教学的含义

反思性教学是近年来欧美教学界备受重视的一种促进教师专业发展的教师培养理论，杜威首次将反思性思维用到教育中。那么何为反思，何为反思性教学？要理解这个问题，首先我们要知道反思什么，对什么反思。在这个理论中指的是对教学经验的反思，它是指教师凭借其多年在教学实践中积累的实际教学经验，借助逻辑推理的能力，经过细致的推敲做出合理的判断，在实践中发现问题，通过进一步的观察与思考，找到问题解决的根源与方法，寻求有效的策略。以及支持反思的态度进行的批判性分析，以期达到自我改进、自我完善的目的。

反思既是一个思考的过程，也是一个将思考付诸行动的实践过程。在反思性教学中，教师既行动又在行动中思考，在这个过程中教师不仅积累了大量的知识，而且不断地创造了新知识。反思被认为是取得实际教学效果并使教师的教学参与更为主动、专业发展更为积极的一种手段。反思强调的就是既在思考中行动，又在行动中思考，二者相辅相成，缺一不可。反思性教学是在对教学的道德责任以及技术性教学的实际效果分析基础上逐步得到发展的。

二、在大学英语教学中实施反思性教学

1. 对教学实践进行反思

传统的英语教学在很大程度上是一种个人的、经验性的、无意识的活动，语言教学仅停留在知识传授和学习上，它将教师专业能力的发展寄托在自身经验的积累和对优秀教师的模仿上。把反思性教学与大学英语教学情景相结合，倡导教师从教学实践中的问题出发，自觉地展开行动研究，对教学活动中出现的问题进行批判性思考。

反思性教学不是具体的教学方法，而是教师立足于自我之外批判地考察自己行动的方式，不以某个概念化的静态教学法去规范细致的、动态化的教学实践。反思

性教学更加符合教师专业化的生活背景，注重从根本上解决在教学实践过程中遇到的各种实际问题，教师自身的学习与发展过程就是使其生活更加专业化的过程。

为了使教学过程更加优化，达到更好的教学效果，教师要在反思性教学活动过程中根据发现的问题不断地进行改革，提出切实可行的教学方案并有效地组织教学。从自己的教学实际出发，以已有的教学经验为基础，所学的教学理论为指导，对教学实践中的问题进行反复的观察，促使大学英语教学与反思性教学接轨，获得适合大学英语教学的反思性教学的具体方法，从而提高大学英语教学的效果。

2. 对教学主体进行反思

传统的英语教学课堂采用的是以教师讲授、学生被动地接受为主的教学模式，那么所谓的教学主体是教师，在某种程度上学生只是这种模式下的被动者，因此无法发挥其积极主动性去接受知识，严重地阻碍了学生的学习兴趣和学习动力。教师在教学过程中得不到良好的教学效果，久而久之也会失去积极主动性，以此恶性循环，教学质量可想而知。在反思性教学中，教师要对教学主体重新思考，确立一种新型的、更加和谐的师生关系。

反思性教学是教师与学生共同提高和发展的教学，其目的在于把学生掌握“学会学习”与要求教师“学会教学”结合在一起，教师的发展是在学生获得的发展过程中实现的，并且教师的发展也为学生的发展提供了可能性，教师的发展离不开学生的发展，反之亦然。两者是密不可分、相辅相成、互相促进的关系。

“填鸭式”的教学方法是英语教师在传统的英语课堂上普遍采用的一种教学模式。在这种教学模式下学生处于被动地位，而教师是整个教学过程的权威，处于主体地位。随着现代科技的发展，多媒体技术在英语课堂的广泛应用，新的教学模式应运而生，不再单一地以教师讲授为主，而是强调学生的主体地位，注重培养学生的语言综合使用能力和自主学习能力。

在反思性教学中英语教师对教学主体进行反思，重新审视教师在教学中所起的作用，教师不仅要传授知识，更应当组织和引导学生自主学习，对学生的学习起到监督和促进的作用，将自主学习的理念潜移默化地植入学生的大脑，转变学生的被动接受的观念，培养学生形成良好的学习习惯，掌握有效的学习策略，发现适合自身的学习方法，达到“学会学习”的目的。

3. 培养教师的反思意识

将反思性教学引入大学英语课堂，为教师自我发展提供一个有效的途径：既保证学生综合能力的培养，又要确保教师自身获得发展，这也是教师反思的一种内在动力。教师在反思性教学中通过思考进而行动，进而再思考，然后再行动，这样一个循环反复的过程来发掘自我发展内在动力的方法，提高改善教学方法和策略的自我意识。

在反思性教学中，通过教师的自我反思，使英语教学不再限定于单一语言教学层面，而是更多地注重教学理论和教学目的等更深层次的问题，挖掘经验中蕴含的原理，进而升华为教学理论。

教师所采取的反思行为是以思考教学中的实际问题开始的，这些问题都是日常教学中比较棘手又是教师自身比较感兴趣的问题，进而教师会对这些问题进行分类研究，找到根源所在。明确了症结所在，就会采取一系列的措施进行改革或者是采纳其他教师比较有成效的教学方法，改进教学方案并组织教学，形成具有自己特色的教学模式，使问题从根本上得到解决。针对解决的问题进行反思，避免在今后的教学过程中再次出现类似的问题。旧的问题得以解决，新的问题又不断地产生，在不断解决问题的过程中，教师的反思能力得到培养，实现了自我发展。

由此，在这个不断发现问题、不断解决问题的教学过程中教师得以不断地反思，不断地研究，不断地判断，不断地进步。通过反思，改变教师被动地接受教育理论，被动地适应专家指导的现状，鼓励教师通过积极参加教学研究活动，发现问题、钻研问题、解决问题，从而提高自我素养，实现角色转变，由知识传授者的角色定位提升到具有一定专业性质的学术级别上来，从而成为研究型教师。

反思性教学是英语教师自我发展与专业化发展的有效途径，根据我国当前大学英语教学的实际水平，我们可以将反思性教学应用于英语教学，它对于大学英语教师自身业务水平的提高有着良好的效果。

反思能力的培养对于今后英语教师的发展是必不可少的，反思能力成为日后评价英语教师业务水平的重要指标之一，因此它也是当前英语教师亟待提高又必须具备的素质。教师在自我发展的过程中不断经历着变革，不具备反思能力的教师很难实现变革，达不到自我发展的目的。因此，反思性教学在外语教学中的应用，毫无疑问会促进教师素质的提高，有利于教师自我发展，使大学英语教学达到一个新的高度，取得良好的效果。

第五章 情境教学法

第一节 关于现代大学英语教学中情境教学的分析

一、情境教学的基本理念

1. 情境教学的活动具有自主性

针对这方面，在实际教学过程中，笔者最强烈的感悟是必须发挥与解决好自主性问题：其一，稳固的师生交流；其二，在具体施教过程中必须以学生为关键。古语有云“尊其师，奉其教”。自由、尊重、信任的师生关系是顺利实施教育工作活动、增强教育成效的基础，对师生彼此综合素质也有着非常关键的价值。进行情境教学能够供给学生一个独立发展的自由空间。因为学生的关键性产生的自主性，促进教师培养学生自主学习、敢于突破自己、完善自己，感受到“学习主导者”这种内在底蕴，并积极去奋斗，使其成为现实。

2. 情境教学的活动具有创造性

创造性学习方式的灵感通常出现在学习动机的努力实践中。我们宣扬情境教学的作用，体现在打造出一个自由化的师生信任、尊重、自由交流的环境，来帮助师生之间的沟通学习，在教学过程中树立其创造性。特别是在教学过程中碰到不确定的问题时，教师不要轻易下结论，而应鼓励同学之间在合作中竞争，在竞争中合作，互相启发，取长补短，这样既让学生充分体会到探索求知的乐趣，又使他们养成良好的学习习惯。著名的发明家爱迪生认为:“想象力的作用大于知识，知识是有限存在，而想象力可以无限大。”这体现了创新观念的重要性，在情境教学的具体实践中，必须全面打造且培养这样的创造性学习习惯。

3. 情境教学的活动具有体验性

由于人的认知行为都存在一定的体验性，所以在实际教学过程中，作为施教引导者的教师必须在自由活跃的氛围或情景里，带动学生形成不同的求知观念，发散自己的思路与创造力，获取知识，努力实践。让整个学习求知的经过变成一个关键的步骤，和结果同样关键，目的就是让学生把思考和发现体验当作一种快乐，在过程中体验思考的乐趣，在结果中体验成功的滋味。

二、通过情境教学，引导学生参与教学

大学英语课是一种语言教学，而语言教学的最终目的是培养学生以书面或口头的形式进行交际的能力。课堂互动本身作为一种语言交际活动，是学生语言实践的极好机会。如果学生能参与课堂互动活动，就能直接获得学习和掌握语言的机会，同时还能参与管理自己的学习，这会使其学习态度变得更积极、负责。

斯柏森指出:“教好外语的首要任务看来是要尽可能多地让学生接触外语和使用外语。学外语就像学游泳一样，学生必须潜在水中，而不是偶尔沾沾水，学生必须潜到水里去，才感到自由自在。这样，他才能像一个熟练的游泳者那样乐在其中。”教师就好比游泳教练一样，他不是一个游泳者，而应该是一个引导者、指挥者。作为引导者、指挥者，教师要设计各种互动活动，活跃气氛，缩小师生间距离，努力创设民主、和谐的教学情境，鼓励学生思维活跃、热情饱满地参与课堂教学。在教学实践中，教师应尽可能为学生创造交际情境，引导学生进行各种精心设计的语言交际活动。笔者认为，大学新生进校的第一节课就可以成为培养学生“参与交流实践”这一良好习惯的开端。例如，教师在自我介绍时，就可以利用这个机会启发学生动脑动口。

教师只在黑板上写下自己的名字，鼓励和要求每个学生对教师提出一个问题。提问结束后，再请学生概括成“The Introduction of Our English Teacher”。新学期伊始就营造出这种良好、轻松的语言环境，对提高学生的主体意识、建立师生平等合作的关系、消除心理顾虑、激发学习乐趣起着不可忽视的作用。

三、运用问题创设情境，激发学生思维的火花

学问，无论是教还是学，关键都在“问”上。自然，教学离不开提问，提问是课堂教学中师生互动的最常用、最主要的方式。课堂提问不仅对所学知识进行巩固，还对新授知识的理解、掌握及运用起着重要作用，同时也能以点带面，事半功倍，对开发学生智力，培养学生思维能力，沟通师生间情感，增强课堂教学效果及提高教学总体质量将起到特别积极的作用。

教学实践表明：教师提问效果的好坏，往往成为一堂课成败的关键。因此，教师要在深入研究教材内容、学生心理特点和能力水平的基础上创设问题情境，以便充分调动学生学习的积极性，引发学生积极的思维活动。在英语课堂上，教师设计的问题旨在刺激学生对学习内容产生浓厚兴趣。所以，教师所选的问题要具有典范性，设计要有巧妙性，力争具有趣味性。

建议教师在课堂上多提“开放性”问题，即重思考、重理解，要求学生做出评价、判断、解释或论述，接受多种答案的问题；并且少提“封闭性”问题，即重记忆、不重思考，只提供知识型信息，只有一个正确答案的问题；还应尽量提一些难度不大，与学生生活贴近，渗透文化背景知识、人文教育的问题；提问时带有启发性，不急于说出答案，要留给全体同学积极思考和准备回答的机会，要善于运用问题引导学生参与各个教学环节，让他们自己去发现、核查答案。

例如，学习 Food（New College English，Book 2，Unit 1）这课时，笔者设计了这几个问题让同学们自行讨论：

（1）What do you eat every day？

(2)Which food gives us a lot of energy most rapidly?

(3)Which food is most fattening?

(4)Which food can we get the most vitamins from?

(5)What do you think of the fast food and snacks?

(6)Compare some differences in eating habits between Chinese and Westerners.

学生在讨论中，一步一步地进入了教师巧设的问题情境，积极思考，互相合作，参与教学活动。这样，师生间形成了良性、和谐的呼应和互动，在不断解决问题的过程中，学生的主体作用得到了充分发挥，自主学习和探究能力得到了发展。

总之，在课堂教学中，有效开展情境教学，有利于激发学生参与的兴趣，引导学生更好地理解和掌握知识，启发学生的思维，培养学生的情感，发展学生的创造性思维和创新能力，从而吸引学生主动学习，取得最佳的教学效果。

第二节　情境教学中“支架”的提供

“支架”最近是一个比较流行的概念，很多教育研究者开始谈论这个词，可并不是所有的人都对支架有了一个准确的领会和把握，不少人还停留在肤浅的表面或片面的层面上，这会造成对支架认识的误解，使其内涵出现泛化或缩小。有的人看什么都像支架，又有的人看什么都不像支架，其实，这都是不对的。

“支架”是指在学习者需要的时候为其提供的恰当的支持。这些支持帮助他们快速有效地进入最近发展区，获得潜在的发展水平，随着他们能力的提高，逐渐撤除这些支持。支架在实际应用中其实是很灵活多变的，其形式不拘小节、五花八门。我们可以随着任务和目的的不同而采取不同形式的支架。应该这样说，只要满足学生需要，能帮助学生跨越最近发展区的就都是合适的、好的支架。目前支架的类型并没有统一的划分，对此不同的学者持有不同的意见。笔者根据自己的研究及应用实践经验，在将支架式教学应用于英语教学的过程中，把支架分为两大类：一类称为一般性支架，即适用于各个学科的支架；另一类称为特殊性支架，即相对更适用于英语学科的支架。现简述如下。

一、一般性支架

1. 范例支架：范例支架是指教师针对教学过程中最重要或最典型的主体对学生进行范例演示，使学生能直观地达到学习目标，可以有效避免冗长或含糊的解释过程。

2. 问题支架：有经验的教师会在学生的学习过程中根据不同情境和阶段提出不同的水平阶段的问题，让学生可以根据问题来思考和研究，从而帮助学生攀着支架进入下一阶段。与此类似的还有建议支架，只不过将疑问句调整为陈述句。

3. 解释支架：当教师提出一些问题或给出一些任务时，为学习者提供一些问题定义的解释。学习者在学习过程中出现一些理解上的困难或者错误时，教师也可以适时地给予一些问题的解释，帮助学习者理解，从而进入下一个阶段的学习。

4. 策略支架：教师通过呈现给学习者多种方案、事件和观点，给学生以自主参与计划的制订和决策的空间，让学生通过对不同方案、策略的比较分析，加深对任务的理解和认识，从而通过协作交流，独立自主地制订解决问题的方案，完成学习任务。

5. 背景支架：背景支架指的是与教学主题相关的背景知识、典故、环境等，学习者在接触一些自己完全陌生的任务或主题时，会茫然、不知所措，教师若能适时地提供一些与学生原有的知识建构有一定联系的背景支架，使学生攀着这些支架所搭建的桥梁，可以帮助他们比较轻松地理解新的学习内容，从而达到有意义的建构。

6. 工具支架：对于一些比较难以理解和抽象的概念和知识，可以运用教师提供一些能够变抽象为直观的工具支架，用学生较为喜闻乐见、较为直观的方式帮助学生理解。在支架式教学的过程中，学生还有进行交流的需要，因此教师也需要提供的一些可以帮助学生表达思想的交流工具。这种支架可以是多媒体课件、图形处理工具、Flash 动画，还可以是知识库、挂图、会话、展示平台、共享平台、BBS 等软件及一些硬件工具。

7. 定位支架：学习者有时并不是很清楚自己的学习目标或任务目标，在学习过程中就会显得迷茫和无助，教师应该在一开始就向学习者清楚阐明学习者应当达到的目标及任务，这样学习者就可以很明确地了解自己的潜在发展区。同时教师可以帮助学生进行自我现有水平的定位，从而使他们了解自己与目标的距离。通过这样清晰的定位支架，学习者不断进步，不断重新定位，最后达到目标。

8. 信息支架：现在是一个信息爆炸的时代，教师可以设置信息支架，提供一些可以获取信息资源的方式，如提供一些网站或参考书籍等，帮助学生可以在较短时间内完成收集信息的环节，并对信息的筛选方式进行一定的指导，帮助学生培养信息的分类和分析能力。

9. 评价支架：评价可能是出自教师对学生，也可能出自学生对学生甚至学生对本人自我的评价。能成为支架的评价都是形成性评价，可能表现为情感上的鼓励、赞许、认同或异议，这都有助于激发学生的学习积极性、学习兴趣或学习斗志；也可能表现为指出认知上的不足之处或错误之处，提出有益的建议，这又有助于学生及时纠正自己的偏差，减少失败的概率，提高学习的效率。

此外，还有对话支架、向导支架、图表支架、时间支架、产品支架等多种形式，在此不一一赘述。

二、特殊性支架

1. 文化支架：学习语言就是学习文化，因此文化支架在语言学习的课程中尤为需要。只有让学习者对所学语言的文化有一个深入的理解和认识，对不同文化的差异和由此导致的语言差异有一定的分析和理解能力，这样的语言教学才是成功和长远的。适时的文化支架可以帮助学生更好地理解语言的含义，也可以更好地在实践中使用该语言，避免由于文化的不同而出现语言的误用。文化支架可以培养学生的反省能力和思考能力，使学生具备更强的语言运用能力和文化包容度，提高学生的整体素质。

2. 情境支架：支架式教学本身就是一种情境性的教学，强调在情境中设立支架。英语课由于其对语言实践的要求，情境支架的使用更为重要，学生在一种相对逼真的情境下积极主动地参与语言学习活动，可以更好地理解和运用语言，使教学效果达到最大化。

3. 语法支架：在英语学习中，语法就相当于语言的一个框架，一个架子搭好了，往里面填东西就显得容易了。学生在句子结构方面会比较欠缺，因此无法把自己的意思比较准确地表达出来。教师可以及时给予一些公式性的语法支架，把一些句型的搭配形式呈现给学生，使学生可以更快地完成句子的组合，同时避免由于两种语言的差异而可能导致“Chinglish”的句子的出现。

4. 文体支架：不同的文体有不同的特点，学生在语言的学习中会发现对于某些文体的把握有困难，这时，教师可以对文体的特点和一些常见的用语进行总结和梳理，这一工作也可以由教师提出，请学生自主协作探究分析得出，通过对文体特点的总结和差异的分析，学生在文体支架的帮助下就可以更好地理解和运用不同的文体，在不同场合使用得体的语言。

以上是笔者根据支架式教学在高职英语课堂的实际应用时所使用的支架以及平时研究学习所得总结出的适合英语课堂使用的支架形式。其中的一般性支架和特殊性支架都可以使用于英语课堂，特殊性支架只是在性质上更具英语教学特色，但并不是说不能使用于其他学科。支架形式其实可以多种多样，这里的总结应该还无法涵盖全部。只要是有助于学生跨越最近发展区达到潜在发展区的，就都可以称为好的支架。

第三节　多媒体在英语情境教学中的应用

迅速发展起来的现代教育技术，尤其是多媒体技术为英语教学提供了新的学习平台，多媒体辅助英语教学将成为英语教学发展的必然趋势。多媒体技术的运用将图文、声音甚至活动影像汇集起来，使学生的阅读对象除以文字和图片展示之外，还可以用动画、视频资料等方式把一些抽象而复杂的问题直观地反映出来，有身临其境之感，其形象的表达工具有效激发了学生的学习兴趣，充分调动学生的主体性，提高了学习效率。正因如此，多媒体辅助英语情境教学越来越引起了人们的关注。

一、基于多媒体技术的英语情境教学的内涵

英语单词 multimedia（多媒体），源于 multiple（复合、多样）和 media（媒体）的组合，其本身的含义即是将多种媒体进行有机组合形成的一种新的媒体应用系统。通常我们所说的多媒体教学是把微机与其他教学媒体相互连接，在使用过程中同时运用幻灯、投影、录像等方式，使多种媒体有机地贯穿于教学的全过程。并且随着技术的发展，人们利用计算机交互式地综合处理文本、图画、图像、声音、形象等多种信息，建立彼此连接的系统，使之具有综合性，形成兼容的操作环境，形成一种身临其境的情境。

情境教学法源于 1920 年前后，始于学者帕尔默等人在英语教学法的科学化、系统化方面的大量研究，在此基础上形成的更加丰富完善的教学体系。所谓情境教学，是学生在真实语境中学习真实语言，情境法也就是视听法，通过看有动感的画面或情境，使学生身临其境，感受颇深。

多媒体教学正好满足了情境教学的各项条件，它改变了传统电化教育的单向传递的情况，采用图形操作界面，具有人机交互性。多媒体计算机辅助英语教学，也就是在英语教学中把影像、图形、音画及文字等多种媒体信息动态地引入教学过程，

按照教学要求进行有机的组合，形成合理的教学结构并呈现在屏幕上，完成一系列人机交互操作，使学生在最佳的学习环境中进行学习。这样的学习环境有利于因材施教，有利于学生能力的培养和智力的开发，培养学生的创新精神。

多媒体教学技术可以模拟大量现实、生动的场景，理论联系实际，使学生在虚拟的学习场景中获得与现实世界较为接近的学习体验。多媒体辅助英语教学可以使教学活动集文字、声音、图像、动画等功能于一体，有利于营造良好的语言学习情境，还能最大限度地调动和激发学生的学习积极性和主动性，提高教学效率。

二、英语情境教学的理论基础——建构主义理论

建构主义源于瑞士心理学家皮亚杰关于认知规律的研究，他得出的结论是：认知过程与周围环境相互作用的过程中，逐步建构起关于外部世界的知识，进而发展自身的认知结构。随着教育学、心理学理论的深入研究，以及教育实践的不断深化，建构主义理论在多媒体情境教学中得到了广泛的应用。

传统学习理论强调知识的传授，把学生当作知识灌输对象，而建构主义理论不同于传统教学模式，要求建立符合信息社会要求的新的教学思想和教学模式。建构主义理论强调教师与学习者之间的协作与交流，只有教师对教学过程、教学内容实施良好的组织，以及对学习活动进行精心的指导，学习者的学习才能不再盲目。

从 1990 年以来，随着建构主义学习理论研究的深入以及多媒体计算机技术和网络通信技术的飞速发展，建构主义学习理论日益受到教育界相关学者专家的普遍重视。建构主义学习理论已经成为当今英语教学改革和革新传统教学手段的主要理论基础。

建构主义学习理论强调以学生为中心，而不是以教师为中心，即知识不是通过教师传授得到的，而是学习者在特定的情境即社会文化背景下，在教师的帮助下，利用必要的学习资料，通过建构意义的方式而获得的。

建构主义理论指导下的教学更注重学习者的自主能力和主动获取知识的能力的

培养和发挥。教师不是知识的直接传授者、指示者、专家和权威，而是学习者有效学习过程中不可缺少的引导者、帮助者、协作者等。也就是说，学习者的自主学习是以教师自始至终地细心组织、引导和指导为前提的。学习者是自己的知识的建构者，他们的知识建构活动直接决定着教学效果，因此他们是学习的主人，教师的核心作用不在于给学生传递知识，而在于如何引发和促进学生的知识建构活动。

三、基于建构理论有效实施多媒体英语情境教学的建议

基于上述理论，笔者现提出若干建议，希望有效结合运用于英语教学中，以期产生良好的教学及学习效果。

1. 提高教师多媒体技术应用的能力

如果教师不了解如何更加有效地运用技术，所有与教育有关的技术都将没有任何实际意义。因此，作为英语教师，不仅要努力提高传授英语知识的技能，还应主动学习多媒体辅助教学的相关理论和方法，尽快熟练地掌握有关教学设备的使用方法，熟练而灵活地利用多媒体课件巧妙地展示活动任务。

课件是否能结合学生实际、满足外语教学需要和是否能发挥硬件功能，是多媒体辅助外语教学能否取得良好教学效果的关键因素之一。因此，教师需通过培训等方式提高其应用多媒体技术的能力。在学习多媒体课件制作理论、熟练掌握一种多媒体课件制作工具和有关素材制作工具的基础上，鼓励教师间的技术交流，建立和丰富多媒体课件资源库，减少制作成本，提高使用效率。

2. 构建以学生为主角的课堂学习及反馈模式

结合上述建构理论，课堂的主角是学生，要以学生为主体。在教育过程中，以学生为中心，充分发挥学生的主体性，将自己的认知结构不断从一种平衡发展为新的、更高层次的平衡状态。在教学过程中，学生如果能积极参与课堂，将使学习的效果事半功倍。

多媒体具有直观的、图文并茂的感官刺激，学生在这种愉快而轻松的学习氛围

中更容易积极参与到教学活动之中，激起内在学习的欲望，有效地吸引学生们的注意力，令他们更愿意自主学习。反馈是学生接受教学信息、学习教学内容后的各种反应。教师不仅要注意授课过程中学生主动接受的情况，还要注重学生的信息反馈，并要根据反馈的信息来调整教学方法等。根据学生的学习反馈，得到课堂学习后的第一手直接资料，并因材施教，再应用到教学中，形成课前、课中及课后系统化的教学模式。

3. 建构情境创设，提高学习效率

情境创设是和协作、会话、意义建构一起成为学习环境的四大要素，在新的教学模式指导下的设计，其目的在于激发学生的学习兴趣，提高他们的认知、感受、想象、创造的能力。

心理学的研究表明，人们对世界的感知认识总是首先注意那些最新的信息，因为它们具有刺激性和吸引力。爱因斯坦认为成功的教育在于激发学生“对于对象诚挚的兴趣和追求真理与理解的愿望”，兴趣是学生学习与研究的直接动力。同样，学生对多媒体是否感兴趣也在于它能否提供新的信息。

在英语教学中，多媒体课件的情境创设要善于创新，富有变化，既要让情境与学生的生活经验联系起来，又要有新的信息的刺激，在学生想不到的地方出现新的情境，对情境的内容、媒体的运用、组合的方式都应该富有新意，让学生感到进入一种情境就获得一种新的体验，得到一种新的发现，并在愉快的氛围中提高学习效率。

第四节　情境教学中的评价

教学评价是大学英语教学的一个重要组成部分。全面、客观、科学、准确的评价体系对于实现课程目标是十分重要的，它不仅可以为教师提供有益的反馈信息，帮助教师了解教学效果，改进教学方法，提高教学质量，还可以帮助学生了解自身的学习状况，调整学习策略。

提高学习效率。教学评价不仅包括以标准化考试为代表的终结性评价，还包括以学习为目的、注重学习过程的形成性评价。目前大学英语教学中普遍使用的评价方式有水平测试、成就测试，如期中考试、期末考试。这些测试本质上属于终结性评价。终结性评价是检验教学成果的一个重要手段，但是却不能对教学过程做出评价。

形成性评价是在教学过程中为了获得有关教学的反馈信息，改进教学，使学生知识达到掌握程度所进行的系统性评价。即为了促进学生尚未掌握的内容进行评价。也就是说，形成性评价可以弥补终结性评价的不足，通过形成性评价的评价方式，教师可以及时获取反馈信息，调整教学方法，促进学生高效学习。

一、现行大学英语教学评价体系存在的问题

笔者结合自己的教学实践，得出我国现行大学英语评价体系主要存在以下问题。

1. 评价概念过于狭小。教学评价一直被大部分教师简单地理解为教学测试，在教学实践中，教师往往根据期中测试或期末测试的分数给学生进行一个简单的评价。

2. 评价主体过于单一。目前的大学英语教学中，实施评价的主要是任课教师或相关的教学行政管理部门。作为评价对象的学生则很少参与其中，这种评价方式在很大程度上忽视了学生在学习中的主体性、能动性和创造性。

3. 评价内容重知识、轻能力。对于传统的重知识、轻能力的现象，现行的大学英语评价体系并没有得到多少改观，仍然是注重学生对知识的理解和掌握，忽视了对学生学习的过程、方法和学生的情感态度的评价，评价看重的是结果，不注重过程，忽略了对学生的学习能力、创新精神、学习态度等方面的评价。

4. 评价功能缺乏激励。目前虽然许多教师承认评价是教学的一部分，但却将评价看作是检验学生学习结果和教师教学水平的手段，只注重评价的检验和验证功能，这使评价分割在教与学之外。在这样的教学过程中，教学评价的主要目的和功能通

过评价把学生分成三六九等，难以发挥教育评价的改进与激励功能。

5. 评价结果缺少反馈。目前的课程评价绝大部分是关于测试的，教师关注的是测试的实施、试题的设计。对于测试的结果只是进行简单的统计与分析，写出分析报告，很少能给予学生及时的反馈。

6. 评价方式过于单一。目前大学英语教学的主要评价方式是包括期中测试、期末测试和以 CET-4、CET-6 为代表的水平测试。传统的教师在实践中仍然过多依赖终结性评价，不注重形成性评价，不重视对学生的学习过程进行评价。

二、在大学英语教学中采用形成性评价的必要性

鉴于上述现行教学评价体系中存在的问题，在大学英语教学中采用形成性评价是十分必要的。

1. 形成性评价的优越性

形成性评价贯穿在学生学习的整个过程，是对学生日常学习过程的表现、所取得的成绩以及所反映出的情感、态度、策略等方面的发展做出的评价。与终结性评价相比具有明显的优势。

①评价主体更加多元化。形成性评价强调学生的主动参与，使学生由被动评价的客体变为积极评价的主体，加强评价者与被评价者之间的互动，鼓励学生自我评价与同学间的互相评价，这可以促使他们对自己的学习过程、方法进行回顾、反思，从而培养学生学习的主动性与积极性。

②评价内容更加全面。形成性评价的内容是全方位的。评价的是学生学习的全过程。不仅注重评价学生对知识的掌握情况，而且也重视对学生的学习态度、学习策略及情感因素等方面的评价。

③评价方式更加多样化。形成性评价的方式更加多样化，它可以通过教师对学生的课堂表现进行观察做出评价；也可以通过课堂讨论、学生日记、作业与小测验、调查问卷及访谈等对学生进行评价。

④评价结果具有反馈作用。由于形成性评价是在学生的学习过程中进行的，因而能够及时地反映学生的学习情况，给学生提供反馈。更重要的是，它可以帮助学生建立自信心，激发和培养学生的学习兴趣，帮助学生养成良好的学习习惯。同时教师也能得到及时的反馈。能够及时了解学生的学习情况和需要，以便及时调整教学内容和方法，从而提高教学效果。

2. 采用形成性评价的必要性

教育部 2004 年颁发的《大学英语课程教学要求（试行）》中明确提出“教学评估分形成性评估和终结性评估两种”，这为我国大学英语教学评价体系的改革指明了方向，即改进现存的以终结性评价为主的评价方式，增加形成性评价的内容。

形成性评价注重对教和学过程进行多层次、多元化的分析判断。能够为教学双方提供及时、真实的诊断性信息，有利于教和学过程的完善和发展。高等院校的大学英语教学，不仅要求培养学生的英语综合应用能力，更加注重学生的自主学习能力，而这种能力的培养难以通过单一的终结性评价来实现，这就需要在教学中发挥形成性评价的作用，为学生提供多种自我表现的形式和机会，使学生的知识和技能得以更加全面地施展。

形成性评价作为一种随时向教与学提供反馈的评价方式，它的优越性已受到越来越多的人的关注。它是一种以学生为中心的评价，可以最大限度地促进学生的自主学习，同时使教师的教育理念不断更新。新一轮的大学英语教学改革正在进行中，评价体系作为大学英语教学的一个重要环节，传统的终结性评价已不能完全适应改革的需要，而形成性评价恰恰可以适应促进学习者学习策略、提高学习兴趣、增强学习动机、激发积极的情感态度等的需要。

第六章　交际教学法

第一节　大学英语情境交际教学法的兴起与发展

一、当代大学生英语水平分析

英语作为国际社会交流中使用最广泛的语言，其重要性不言而喻。大学英语的教学目标是培养学生的英语综合运用能力，特别是听、说能力。我国大部分地区的学生都是从小学三年级开始学习英语，但是由于初、高中繁重的升学压力，教师往往注重的是知识点、语法和词汇知识的传授，而对学生的语言综合应用能力和听、说能力训练不足，导致大部分学生学的是“哑巴英语”，考试可以得高分，真遇到老外却说不上几句完整的外语。

进入大学以后，很多高校的英语教师还是遵循传统的教学方式“分析课文—讲解语言点和词汇语法—做练习巩固所学知识”。学生在课堂上被动地听课，课后花大量时间去记忆语法规则和语言点，很少有机会能真正运用所学到的语言。这就使很多大学生英语听、说能力很差，学了十几年英语却不敢开口。

要想真正学有所用，教师必须改变传统的授课方式，尽量在课堂上创设情境，利用情境的生动性和形象性，激发学生的学习兴趣和表达欲望，让学生在情境中学会组织语言，在情境中训练开口说英语的能力，通过情境交际来培养学生听、说、读、写、用各方面能力的全面发展。

二、何为情境交际教学法

情境交际教学法近些年被广泛关注，很多教育专家都把情境教学法作为第二外语教学的有效方法。

情境教学就是通过设计出一些真实性和准真实性的具体场合的情形和景象，为语言功能提供充足的实例，并活化所教语言知识。教师根据教材内容需要，在具体情境中呈现语言，为语言提供运用的场所，使每句话都有对应的场景，在情境中让学生通过视听来感受所学知识，培养英语思维能力，通过实践提高听说能力，培养真正用英语交际的能力。

三、情境交际教学法在教学中的实践方式

情境交际法要求教师根据教学内容，创设多形式、多元化的情境，创造、模拟母语的学习环境，营造氛围和意境，引导学生积极参与练习，在情境中了解词汇的意义和用法，在训练过程中多问，多说，多练，多交流，通过完成任务产生语言习得。教师多用启发式教学，是情境的设计者、导演者、指挥者，学生是活动的主体，是实践者和表演者，教师应从交际的实际需求出发，创设类似实际的情境，让学生置身于英语的环境中，激发学生的主动性和创造性，积极运用所学语言表达自己。

1. 利用课堂材料创设情境

大学英语教学中，精读课占据很重要的地位。上精读课时，教师通常会讲解词汇的用法，语法要点，长句、难句，分析课文的内容和段落层次、文章体裁等，但对于在何种场合、何种情景下运用这些语言，学生往往不是很明确。这就需要教师认真分析教材，力争做到精讲多练，通过设计语言情境来呈现教材的重难点，学生有尽可能多的课堂时间进行语言能力的训练，通过模拟情境中的大量练习来掌握语言。充分利用 group work 和 pair work 等，给学生提供运用所学语言的机会。还可以让学生就课文某一话题分组讨论，就文章的观点发表自己的看法等。

2. 通过角色扮演创设情境

教材中很多实际应用的文章都可以通过角色扮演来给学生创设情境，加深学生对语言的操控能力。比如，学习关于求职的文章，可以让学生分别扮演求职者和面试者，根据课文内容和自己的实际情况设计对话，分组进行角色扮演。还有关于旅游、采访等的很多内容都可以通过角色扮演来给学生实践的机会，这样的操练要让学生有真实感，语言内容不仅仅是课本知识的再现，而且要具有自己的观点和看法，要像在真实的现场一样去自如地运用英语来表达自己。在角色扮演时要重视东西方文化交际方面的差异，适时地向学生介绍国外尤其是英、美的文化风俗、风土人情等背景知识，使学生真正掌握和英语国家人士交流的本领。

3. 通过游戏设计来创设情境

为了提高课堂教学效率，吸引学生主动参与和积极互动，教师可以请学生帮忙设计很多游戏来运用所学词汇和句型，比如，猜词、填词、英语诗歌比赛、演讲比赛、连词成故事等。教师可以让学生用当天所学的几个重要单词编小故事，进行故事比赛，让学生在一个个精彩的故事中掌握了知识。通过游戏能提高学生学习的兴奋性和参与意识，在快乐的气氛中巩固所学的知识。

4. 通过多媒体等现代化教学手段辅助创设情境

录像、投影、幻灯片等现代化的教学手段能形象地再现情境，使学生真正有身临其境的感觉，加深学生对语言的理解和运用。因此教学中要善于利用多媒体等现代化教学手段，多让学生接触原声英文电影、原版的优秀书籍和标准的英美广播，让学生能感受到在真实情景中语言的运用，从而活用所学语言，以提高英语的综合运用和交际能力。

外语教学的过程就是语言交际能力习得的过程。语言学家海莫斯说："语言教学的最终目的是培养交际的能力。"要让学生听、说、读、写、用全面掌握英语，教师应注重情境交际教学法在教学中的合理运用，使情景设置与交际活动统一融合，为学生的语言应用创造条件，让学生真正地做到学以致用，达到用英语交际的目的。

第二节　交际教学法在大学教学中的应用

目前，综观我国大学英语教学现状可以发现，我国的大学英语教学大多是采用“语法—翻译”教学法，教师主导课堂，学生处于被动地位，主要以传授知识为主，注重词汇和语法条目的讲授，课堂教学中交际活动很少，加上英语等级考试的影响，英语教学也侧重等级考试辅导，学生运用英语进行交际的能力较弱。为了提高学生的英语交际能力，交际教学法越来越受到大学英语教师的关注和青睐。近年来的教学改革中基本上采用交际教学法，强调教学以学生为中心，加强对学生的主体意识和积极性的培养，教师在课上引导学生进行语言交际实践，使学生在实践中学习语言、获取知识，并具备一定的交际能力。

一、交际教学法的概念

交际教学法（Communicative Language Teaching Approach）也叫作“意念法”（Notional Approach）或者“功能法”（Functional Approach）。交际教学法以语言功能项目为纲，以培养学生交际能力为基础理论。

其核心思想是，语言教学的目的是培养学生使用目的语进行交际的能力，语言教学的内容不仅要包括语言结构，而且要包括表达各种意念和功能的常用语句。交际教学法认为，人对语言有两种能力：

一是语言能力（Language Competence），也就是人具有说出语音语调和遣词造句的话语功能；

二是交际能力（Communicative Competence），即根据交际的目的、对象、内容、语境、身份等讲出恰当的、符合语境的话语的能力。具备了语言能力，不一定具备交际能力，语言能力是交际能力的一个重要组成部分。

二、交际教学法的优点

交际教学法相对于传统的“语法—翻译”教学法有着比较显著的优势。传统的教学法重视英语语法条目和词汇的讲解，教师整堂课讲解语法、篇章结构，学生被动地听，不利于学生英语学习兴趣的培养，学生学了十几年英语，最后还是“张不开嘴”，这就违背了英语教学的目的。

而交际教学法以培养学生运用语言进行交际为目的，奉行英语是一种交际工具。它以学生为中心，以学生的语言实践为主线，引导学生积极参与教师创设的语境中来，在交际中提高学生的英语应用能力。

首先，有利于激发学生的学习兴趣，以及主动性和互动性。由于交际教学法是让学生在与人交际的过程中学习英语，这样，更能激发他们积极的学习兴趣和主动参与的意识，从而主动地、积极地学习并体会到成功的乐趣。

其次，注重学以致用，培养语言的运用能力。语言学习的过程，不仅是知识的积累，更是素质和技能的提高。语言教学的目的是培养和发展运用语言与他人交际的能力。交际教学法强调以语言交际为教学原则，倡导让学生在与人交际的过程中学习英语，这有助于真正培养其语言的运用能力。

最后，转变传统语言教学中的学生角色、单一教学行为和方式。由于交际教学法强调语言教学要为学生的交际需要服务，所以，学生由原来的“配角”变为“主角”，处于更为积极、主动的地位。同时，交际教学法以语言功能、意念交际活动为内容，教学过程变为双方或多方交际过程，而交际活动不仅重视语言，更重视非语言表达手段的运用，如动作、体态和表情等。所以，交际教学法又适应了现代语言教学中多种化的教学手段（multi-media）的实施和运用。因此，交际教学法一经诞生，就展示出其他教学法无可比拟的优点。

三、交际教学法的不足

然而，在交际教学法的实施过程中，也面临着一些理论与实践的困境和问题。

首先，语法教学的忽视。用母语教授外语，以翻译和机械练习为基本手段，以学习语法为入门途径，注重语法规则的讲解和操练的语法翻译法曾在传统外语教学法中起主导的地位和作用。交际教学法强调对英语交际能力的培养，鼓励学生在情境中积极操练，淡化语法的教授，打破了语法知识的系统性。但事实上是，词汇和语法是语言交际的基础和框架，没有语法，语言就缺乏逻辑性和根本，也就不可能达到交际的正常效果。而且，交际的目的也是获取知识。所以，交际教学法中依然不可忽视语法教学。

其次，语言环境的缺乏。交际教学法的出发点和归宿是培养学生的英语交际能力，而交际能力的培养和发展需要历经无数的交际过程，也就是需要进行交际的英语环境。然而，对我们中国人来说，英语的“非母语”限制了用英语交际的自然环境。仅靠有限的英语课堂教学时间和难得的某些情境（如英语角、各种竞赛）使得交际教学法的实施效果大打折扣。

另外，当前外语教学评价体系存在缺陷。评价体系既是教学的衡量器，又是导航器。在当前，无论是终结性评价还是形成性评价，考试都是评价教学的重要手段。交际教学法强调英语语言学习重在培养和提高学生的实际运用能力，但是现行的考试制度和考证风又迫使教师和学生以考试为中心，围着考试转，而把以交际能力为目的的教学方式和学习方式晾在一边。尽管现在的大学英语应用能力考试和四、六级考试制度进行了改革，但离交际教学法的需求还很远。

四、交际教学法的优化

1. 教师要积极转变角色，变主体为主导

外语教师的角色应该是：控制者（controller）、评估者（accessor）、组织者

（organizer）、提示者（prompter）、参与者（participant）和资源（resource）。我国大多数英语教师在课堂上是从头讲到尾，学生很少有表达的机会。在实施交际教学法时，教师一定要积极转变自己在课堂上的角色，由主体变主导。由课堂上从头至尾的讲授转变为组织学生进行各种交际活动，控制课堂教学进度，对内向胆怯的学生予以积极鼓励、提示，使其积极加入课堂活动中，同时巧妙地避免少数学生主宰课堂交际活动的现象并保证不挫伤这部分学生的积极性。

2. 教师要将语言结构性知识与功能性知识并重

交际教学法在弥补结构教学法对语言运用的忽视的同时又淡化英语语言的结构性知识，即过于注重意义而忽视了语言的形式和结构。而实际上语言形式和语言意义是同等重要的，彼此不可偏废，因为语言意义是教学的最终目的，语言形式是达到这一目的的必要手段。偏于哪一方最终都不能实现对英语语言的学习和使用。因此，需要同步重视语言习得的结构性知识和功能性知识。

3. 教师要精心设计交际活动

交际教学法的核心是交际活动，通过双方、多方交流来学习语言。因此，教师应结合学生实际，如英语基础、个性特点、教学条件等，精心设计切实可行的课内、外交际活动。例如，①课堂场景设计。教师要提供给学生真实、丰富、多样化的情境，如实际生活情境、想象情境等。使学生在语言情境中感受英语，而不是仅仅进行简单的句型操练。②交际范围的多样化。单人、双人、小组等不同范围内实施英语交际和交际所用语料的多样化，如笑话、趣闻逸事、歌曲和影视等，使学生获得更多的锻炼机会。③充分利用第二课堂的作用。良好的外语课外学习环境、课外活动环境和其他学科的外语应用环境是课内交际语言教学的有益补充。

4. 教师要重视文化教学，培养跨文化交际能力

任何语言都不能脱离一定的社会文化而独立存在。在社会生活中，如果单凭语言能力，而不了解文化差异，不具备语用能力，依然是不能顺利、完全地进行交际活动。因此，教师必须重视语言教学中的文化教学，理解跨文化交际能力的价值，在语言教学的同时进行文化教学，在交际教学法的实践中适时进行不同文化的分析

比较，避免以本国文化的思维定式去套用目的语。唯有如此，外语学习者才能培养和发展符合英、美国家社会文化、规范和习俗的交际能力。

5. 学生要积极转变课堂角色，由被动变主动

在传统教学模式中，教师是“教”的主体，学生是“学”的主体。学生要变被动接受知识为主动学习。在交际教学法中，学生的主体地位应该体现出来。具体表现为，在课堂上学生有更多的表达、交流的机会。学生在课堂上任何关于学习的需求都应尽可能得到满足。另外，学生还应成为“信息反馈者”。比如，学生应就课堂教学环节的设计是否合理、活动的组织是否可行等向教师进行反馈，以便教师调整教学活动，来提高学生参与活动的积极性，以及交际教学法的效用。

培养学生运用语言进行交际的能力是我们的教学目标。交际教学法这一教学理论有着其自身的利与弊，在大学英语教学的过程中应扬长避短，通过多种优化手段充分发挥其优势。交际教学法使学生获得更多表达、交流的机会，使学生在教师精心创设的场景中主动学习，逐渐提高运用英语进行交际的能力。

第三节　交际教学法在英语分层教学中的初步探索

虽然独立学院作为一种新型的办学模式得到了迅速的发展，但还处于摸索的阶段。其学生基础较为薄弱，尤其是非英语专业的学生英语基础相对较差。根据笔者对所任教的 100 名非英语专业学生所做的英语学习调查问卷，仅有 21% 的学生每天坚持花半小时在英语学习方面，学生对英语的学习兴趣不高，但有 90% 的学生表达了想学好英语，迫切提高英语的应用能力，尤其是听、说能力的强烈愿望。

但在我校实际教学中，由于种种原因，传统教学仍占据较大比重。课堂教学没有摆脱教师“唱主角”的模式，造成一部分学生认真听讲，埋头做笔记；一部分学生精神不集中，玩手机甚至昏昏欲睡的局面。在这种模式下，字、词的讲解和句子与语法结构分析成为教师的教学重点。虽然这种模式有助于学生打下牢固的基础，

有利于提高他们的理论水平，但不利于提高语言的交际能力。

《大学英语课程教学》中指出，要重点培养学生的英语综合应用能力，特别是听、说能力，使他们在今后的学习、工作和社会交往中用英语有效地进行交际，同时要实现以教师为中心、单纯传授语言知识和技能的教学思想和实践，向以学生为中心，既传授语言知识，更注重培养语言实际应用能力和自主学习能力的教学思想和实践的转变。

如何提高学生的交际能力，已成为英语教学工作者共同面临的问题。交际教学法抓住了语言是交际工具这一本质特征，让学生能更多地参与课堂教学，轻松、自然地接受知识和提高能力。

一、交际教学法概述

交际教学法可称为功能教学法、意念教学法或者功能—意念教学法，是 20 世纪 70 年代根据语言学家海姆斯（Hymes）和韩礼德（Halliday）的理论形成的，是全世界影响较大的外语教学法流派。交际教学法重视培养学生的语言应用能力，鼓励学生多接触和使用外语。

“交际能力”这一概念是由社会语言学家海姆斯针对乔姆斯基的“语言能力”提出的。他认为，一个人的语言能力不仅包括乔姆斯基提出的能否造出合乎语法句子的语言能力，而且还包括能否恰当地使用语言的能力。由此他首次提出了包含语言能力和语言运用两方面的交际能力。

交际教学法认为语言的基本功能就是作为交际的工具，语言教学的理想目标就是培养交际能力。交际教学法所强调的是语言的功能，语法结构被放在不同的功能范畴之下，其特点是将语言的结构与功能结合起来进行交际教学，学习者通过语言的形式能达到交际的目的。

二、大学英语读写课程实施交际教学法所遵循的教学原则

第一，课堂教学应体现以任务为中心，而不是一味地以讲语法、做练习为中心。建立以任务为中心的交际教学模式，让学生学会如何利用语言作为媒介实现交际的目的，完成交际任务。即“让学生投入解决问题的任务中去，把任务作为有目的的活动”。

交际教学法的重心就是课堂活动以任务为中心，将交际教学贯穿于整个课堂，而不是侧重于结构、功能或概念的东西。

第二，在交际教学课堂中，教师需优化交际任务，创设语言情景，进行有目的、有意义的语言实践活动，激发学生的学习积极性，正确地运用语言表达思想。

第三，教学的各个环节都应体现以学生为中心的原则，强调学生的主动性和相互作用，而不以教师为中心，最大限度地保证学生的练习时间和练习量。在课堂教学中，教师需充分理解教学中的交际法原则，扮演好促进者、组织者、参与者和学习者等多重角色，营造良好的师生关系。而学习的任务要靠学习者自身去完成，这就要求学生主动地、活跃地参与各项语言实践活动，培养自身的交际能力、思维能力和分析能力。

第四，运用非正式的评估和测试，把学生平时的课堂表现、作业完成和任务完成情况、单元测试、期末考试成绩一起结合起来检验教学效果，获取反馈信息。

三、交际教学法大学读写教程课堂模式实践

《大学英语读写教程》由若干个单元组成，每单元围绕某一确定的主题，有A、B两篇课文和一段100字左右的预览。A篇设有听力活动部分，文后配有包括课堂讨论、词汇、语法、完形填空、语篇分析、翻译和写作在内的多项练习。B篇有阅读技巧介绍和课文相关的练习。我们认为交际教学应贯穿课堂教学的始终，围绕每单元一定的主题进行相应的教学活动，分步实现教学目标。

结合独立学院及学生的英语水平和读、写教程的特色，采取课前任务、课中任务、课后任务和跟进任务的交际课堂教学模式。本文将根据前面提到的原则，以第四册第四课课文 The Telecommunications Revolution（电信革命）为例，具体实践如何在课堂教学的四个阶段实施交际教学。

1. 教学目标

教师在每上一个新的单元时，都应制定教学目标，确定具体的教学方法，精心组织课时和内容。该课的教学目标为：掌握课文大意；理清文章结构，提高学生语篇分析能力；分析课文中的写作技巧并进行仿写，提高学生的写作能力；掌握课文中的语法难点和一些新的词汇和词组，完成课后练习。

2. 课堂教学实践

第一，课前任务。通过恰当的导入，应用或提供相关的背景知识，提供有关阅读策略，激发学生对该主题阅读的兴趣；通过对标题的思考，或给出对课文内容、结构形式理解的任务表，预测文中内容，鼓励学生勇于表达自己的观点，进而对该主题产生兴趣。

在这个单元，教师采取图片导入法。运用一张放大较直观的课文图片，以简短对话“热身”，即为交际法教学之引入。

（1）教师提问：“What puts on the central position of the picture?”学生回答：“It is a computer.”

（2）教师提问：“What connects to the computer?”学生回答：“Telephone/email/fax machine/mobile phone etc.”

（3）教师提问：“What's the function of those modern equipments?”学生回答：“Sending messages or making telephone calls etc.”教师板书 communication，引出了本单元最重要的一个词，并突出电信革命的目的之一就是让人更好进行交流和沟通的主题。接着，教师组织学生进行小组讨论。

（4）What are those ways of communications in the old times? 几乎所有学生都积极参与，开动大脑提出了很多有趣的答案，使得原本比较枯燥的一篇说明文的学习也充满了乐趣。

为进一步强化学生学习该课文的意识，教师把问题（3）和（4）结合起来进行对比（traditional ways of communication VS modern ways of communication），学生从方便、时间、速度、选择性、携带信息量、安全性、准确性等方面提出自己的见解。整个课堂气氛变得活跃起来，学生踊跃发言。教师趁机总结：“既然时代在进步，传统的交流方式有这么多缺陷，那么需不需要改革呢？”几乎所有的学生都说有必要，之后自然进入课文《电信革命》的学习。

第二，课中任务。速读一遍获得文章的大意，定位文章的主题句或每个段落的主要大意；第二遍定位具体的信息，交流关于文章的理解和困惑之处；第三遍训练学生对组织结构的把握，对相关主题进行写作训练。通过训练学生运用阅读技巧的能力，提高学生的阅读能力，提高他们对英语语言的掌握及运用能力。

在这个阶段，主要采取教师精讲、学生多练的原则。教师通过少量的精讲帮助学生获得文章大意，找出文章的主题句进而分析文章的篇章结构，提供给学生综合技能练习的机会。

任务 1：教师要求学生速读一篇文章，并将教师打乱的主题句按序排好。

任务 2：速读文章第一段，把下面的句子或短语补充完整。

① boosting____；② promoting____investment；③ helping them step directly into the information age；④ leaping over____；⑤ making them change from a___ model to a____model to gain a huge advantage over countries stuck with old technology.

任务 3：两人一组合作，在 30 分钟内按照给出的形式完成六个国家或地区是如何实现电信革命的表格。

Country________ Situation________ Solution________

完成三个任务后，学生都觉得该文章难度不大，看不懂的做下标记，然后请老师解释。老师在讲解时就做到了有的放矢，提高了效率，也提高了学生听课的积极性。

第三，课后任务。课后活动给学生提供更多的练习机会，帮助他们扩展已学过的知识图式。组织小组或班级课堂讨论；学生独立完成各项练习；检查学生的回答情况，讨论答题中不尽如人意的地方；针对学生理解课文中产生困惑的不同原因，实施不同的教学策略。加深他们对课文的深层理解，提高他们对语言的驾驭能力。

在这个阶段，教师主要侧重于课后课文理解讨论题、单词和词组的练习、选词填空、词语搭配、句型结构、翻译、语篇分析以及完形填空等多种练习的检查和操练。利用这些习题有针对性地练习和巩固已学过的知识技能，能进一步提高学生英语综合应用能力。

第四，跟进任务。采取探讨与内容相关的话题、续写结局、用自己的话概括课文、角色扮演、面试、辩论等形式，或介绍与主题相关的名言警句，将听、说、读、写结合起来，重点培养学生的迁移能力和综合应用能力。

在此阶段主要进行与本单元主题相关的演讲，既让学生学以致用，又锻炼了学生的听力。Topic（1）Telecommunications technologies have made the world different. Topic（2）Travel by air VS travel by train.

3. 评估

整个单元完成之后，教师进行了本单元测试（52 人参加）。测试内容涵盖听力、阅读理解、听写、词汇选择、完形填空和作文。对比非实验班级同样人数，平均分高出 4.1 分。

试卷写作部分与课题主题有关，就以下要求写出至少 120 个单词的文章，题目自拟：（1）电信革命给发展中国家带来的好处；（2）举例说明如何推进电信革命；（3）你的结论。

欣喜的是，在写作部分，统计使用课文中出现的单词、短语和句子结构达 10 个以上的学生有 15%；达 6 个以上的有 75%；没有使用的是 0 人。从这点可以看出，交际教学法有利于课堂效率的提高，有利于学生的语言输出，学生能较好地学以致用。

以学生为中心，采取课前、课中、课后、跟进任务，分步实现教学目标的交际课堂教学受到了学生的欢迎，调动了学生参与课堂的积极性，课堂气氛活跃，课堂教学效果明显，学生学习英语的积极性大大提高，有利于学生分析问题、解决问题和用英语进行交际能力的培养。

第七章　任务型教学法

第一节　任务型教学概述

大学英语的学习效果取决于多种因素，除学生的自身努力外，教学模式是一个非常重要的先决条件。随着时代的发展，大学英语教学目标更注重培养学生英语综合能力，特别是英语听、说能力，使他们在今后工作和社会交往过程中能用英语有效地进行口头交流和书面的信息交流，同时增强其自主学习能力，提高其综合文化素养，以适应我国经济发展和国际交流的需要。

因此，传统的“PPP”教学模式，即教师先呈现某个语言项目（presentation），然后让学生练习（practice），最后让学生用该语言项目进行表达（production），已不能够满足英语教学的需求，而任务型教学（task-based approach）就可以在大学英语课堂上充分发挥它的优势，弥补传统教学的不足，并能起到很好的教学效果。所以任务型教学模式应该得到进一步的提倡和推广。

一、任务型教学的内涵及其理论基础

现代教学理论认为教学中学生的主体地位，教师的主导地位，打破了英语教学中语法教学和实际运用相割裂、语言形式和语言意义相割裂的传统模式，从关注“教”转变为关注“学”，从注重“语言本身”转变为注重“语言习得”，从注重“语言研究”转变为注重“语言使用”。

在任务型教学中，“任务”通常泛指在课堂教学中为推进学习过程而要求学生做的任何具体的贴近学习者生活、学习经历和社会实际以形成语言意义为主旨的活动。在完成任务的过程中，学习者一直处于积极的、主动的学习状态，参与者之间的交流过程是一种互动（interactional）的过程。为完成任务，学习者以“意义”为中心，尽力调动各种语言的和非语言的资源进行意义共建，以达到解决某种交际问题的目的。这种以任务为中心的语言教学思路（the task-oriented approach）是交际教学思路（communicative approach）的一种发展形态，它要求学生用目的语进行理解、操练、使用或交际，是认知结构的组织和重新组织，学生获得的知识不是教师灌输的，而是要学生自己去主动探索和发现的，即布鲁纳（J.S.Bruner）的“认知—发现学习论”。这种方法有一系列的优点：

（1）有利于激发学生的智慧潜力；

（2）有利于激发学生的内在学习动机；

（3）有助于学生掌握试探的方法；

（4）有利于所学知识的记忆与保存。

所以完成任务的过程也就是使学习者自然地、有意义地对语言加以运用，并营造一个有利于语言习得和内化（internalized）的支持环境。

二、任务型教学的设计原则

根据 Nunan(1989）的观点，任务由 5 方面组成：

（1）任务目标；

（2）构成任务的输入材料；

（3）基于输入材料的各项活动；

（4）任务所隐含的教师和学习者的作用；

（5）任务执行的环境问题。

Skean(1998）也提出在任务型语言教学中的任务至少应具备以下特点：

（1）意义是首要的；

（2）有交际目标需要完成；

（3）根据活动的结果来评定任务的执行情况；

（4）活动与真实世界的活动有一定的联系；

（5）任务完成优先于语言学习。

事实上，任务型课堂教学的任何一个环节、任何一项活动都应该围绕任务而设计、展开，课堂与真实世界应有某种意义的联系。任务型教学就是直接通过课堂教学，学生用英语完成各种真实的生活、学习、工作等任务，把任务作为载体，学习者通过听、说、读、写等活动，用所学语言去做事，在做事的过程中发展运用自己的语言，也就是为用而学，在用中学，在学中用。

它强调的是学习过程，强调有目的的交际和意义表达，强调语言学习活动及其任务具有现实生活性，强调教学活动和任务应遵照循序渐进、由易到难的原则，强调语言学习是获得技能的过程。学习任务的设计要突出趣味性、可操作性、科学性、交际性和拓展性，任务类型要能体现多样性，任务目标要具体化、细致化，活动的设置要有延伸性。

因此任务型教学模式应遵循以下 5 种原则：

（1）提供有价值和真实的语言材料；

（2）运用活的语言；

（3）所选任务应能激发学生运用语言；

（4）适当注意某些语言形式；

（5）有时应突出注意语言形式。

三、任务型教学中的注意事项

1. 任务必须有明确的目标，且贴近学生生活。这样学生才能有效地完成任务。

2. 注意师生角色转变。学生是学习的主体，教师是任务活动的指导者、策划者、组织者和评估者。任务型教学中教师不再扮演知识权威的角色，而与学习者形成伙伴关系。由于多年的传统教学的影响，许多学生养成对教师的依赖心理，缺乏良好的学习习惯。因此教师应做好学生的工作，帮助学生树立正确的学习观念和良好的学习习惯，逐步培养学生的自主学习能力。此外评估的标准要为大家所熟知，教师的评估应做到公平公正。

任务型语言教学是目前国际外语教学界广泛采用的一种有效的教学模式，它强调的是学习的过程，强调真实的交际，强调语用能力（language competence）和自主学习能力（learner autonomy）。任务型教学法在大学英语课堂上的运用有助于促进学生自主、合作学习。它能大幅度地增加学生运用语言的实践机会，能培养学生的良好性格和情感，能让英语课堂的气氛轻松活跃，从而大大提高学生对英语学习的兴趣和综合运用语言的能力，进而达到语言学习的目的。

第二节　基于“任务驱动”模式的大学英语教学任务设计

在基于“任务驱动”的教学模式中，学生以完成“任务”为目标，在教师的指导下通过合作学习处理完成任务，在这一过程中学习掌握教学计划内的教学内容。具体到大学英语课中，教师根据大学英语教材每个单元不同的内容，针对学生实际水平和学校教学条件，把学习重点设定成不同的任务，让学生在一个个具体的“任务”驱动下，通过团队协作，完成一系列“任务”的学习活动。

由此可见，设计任务是“任务驱动”大学英语教学模式成功实施的关键。威利斯（Willis）（1996）区分了教学中常用的六类任务：列举（listing）、排序与分类（ordering and sorting）、比较（comparing）、解决问题（problem solving）、交流个人经验（sharing personal experiences）和创造性任务（creative tasks），参考威利斯对任务类型的分类，本文以《新视野大学英语读写教程（第三版）》（以下简称《读写教程》）为例，来说明在大学英语课堂教学中“任务”的设计及其运用。

一、列举型任务（listing tasks）

这类任务要求学生根据要求说出与题目有关的事项并列成清单。列举型任务有利于培养学生收集信息的能力和理解、归纳能力，也有利于教师增强对自己学生的了解。在学习新课时设计一个列举型任务，还可以帮助学生更好地复习以前所学的有关内容，扩大词汇量。例如，《读写教程 4》中 Unit 5 的话题是东西方文化差异。教师可以让学生自由列举出东西方文化差异的例子，例如，颜色、饮食、日常用语、价值观的差异。

二、排序和分类型任务（ordering and sorting tasks）

这类任务也称作整理型任务，它比列举型任务更有挑战性。不是简单的列举，而是通过学生对一系列输入材料进行分析归纳之后再将其分类或排列成一定的顺序。它有助于培养学生处理使用信息的能力、逻辑思维能力和分析能力。比如，《读写教程 3》中 Unit 3 的主要内容是关于好莱坞著名影星奥黛丽 · 赫本的生平。笔者让学生组成 6 ~ 8 人的小组，课前通过网络查询或图书馆查阅等形式了解奥黛丽 · 赫本的相关信息，如其主演的影片名、对社会公益事业的贡献、对时尚的影响、家庭情况等，并按时间顺序进行排列。上课时分小组用 PPT 演示的方式列举其中一方面的信息。这项任务节约了课堂时间，扩充了学生的知识量，同时培养了学生的自学能力。

三、比较型任务（comparing tasks）

通过学生对不同的输入材料进行比较，找出其中的异同，并用适当的语言表述出来，这样，学生的观察力、注意力、归纳能力和批判性思维的能力都可以得到培养和发展。比如，《读写教程 4》中 Unit 2 的话题是美的秘密（Secrets to beauty）。笔者上课时先让学生谈谈对自己容貌以及化妆品广告的看法，然后将答案按男、女生分类，引导学生对比男、女生对于美的不同看法。本项任务在完成语言知识教学的同时，培养了学生收集和整理信息的能力。

四、解决问题型任务（problem solving tasks）

这类任务集中于通过参与者的合作、沟通与磋商找到一个解决问题的方法，它的答案并不是唯一的，是一种开放型的任务，有助于学生解决问题的能力、综合运用知识的能力及创造能力的发展。

同时又能使学生形成强烈的集体荣誉感、培养团队精神。比如，《读写教程 3》中 Unit 4 的话题是旅行，作者设计了这样一个任务——设计最经济的旅行计划。先让学生自由发言，回答已经去过的地方和最想旅行的地方。然后让学生分组设计最经济的旅行计划，并要求在课后用报告的形式表现出来。这项任务活动围绕学生的日常生活，学生做起来有亲切感，乐于参与。

五、分享个人经历型任务（sharing personal experience tasks）

这类任务模仿我们日常生活中经常会遇到的互相交流信息、观点和意见的情况。我们可以让学生互相沟通分享各种信息，包括有关各自学习、爱好、生活经验等各方面的情况。比如，《读写教程 1》中 Unit 5 的话题是体育。配合课文的内容，教师让学生课前查阅和收集关于体育锻炼的材料，课上在小组中讨论最喜欢的体育项目，每天花在体育运动上的时间，以及最喜欢的体育明星等。讨论后，由小组推选或教师随机选取各组 1 人为代表向全班陈述。

六、创造性任务（creative tasks）

创造性任务指任务具有探索性、开放性和实践性。结合大学生所学的专业，对同一个话题可以设置不同的创造性任务。例如，《读写教程 4》中 Unit 4 的话题是环境保护，对于工业设计等艺术专业学生，教师可要求他们发挥特长，设计环境保护的英文海报。对于经管、传媒等文科类学生要求他们围绕这一主题，通过查找资料、进行调查研究等方法获得环境保护的相关知识，并通过回答教师的问题、编辑报纸、撰写研究报告等形式表现出来。对于机械、化工等理工类学生可以要求他们假设一个环境保护产品，如空气净化器，并用英语介绍功能等。

“任务驱动”的教学模式体现了英语教学从关注教材转变为关注学生，从以教师为中心转变为以学生为中心，从注重语言本身转变为注重语言习得与运用的变革趋势。实现“任务驱动”教学模式的难点在于任务设计。因此，大学英语教师要从英语的实际和功能出发，联系教学的实际，为大学生提供更加贴近真实生活的教学任务，提高学生的英语实际应用能力，最终全面提高大学英语的教学质量。

第三节　PBL 在大学英语课堂呈现环节的教学实践

目前，在大学英语教学中，广泛使用的教学方法是传统的课堂讲授模式，教师为课堂的主体，占据主导位置，任课教师决定教学内容、教学方法、教学手段，教师引导学生去实现学习目标；甚至于任课教师直接将学习目标灌输给学生。传统的教学方法被生动地比喻为“罐子和杯子”的关系，教师是“罐子”，将知识“倾倒”给作为“杯子”的学生（Roger 1983，Hobbs 1986）。基于项目的学习的教学法可以改变这种情况，在此教学方法下，教师可以利用一个基于真实情境的项目话题，调动学生的主体能动性，提高学生的自主学习能力，最终达到学习目标。

基于项目的学习（Project-based Learning）最早源于美国教育改革家杜威于1897年提出的“做中学”，之后的教育研究则将此概念进一步发展成了基于项目学习的学习方法。1991年，该概念明确为“基于项目的学习是一种综合性视角，注重学生的参与。基于项目的学习，主要是提供大量“做”的机会，让学生充分地亲身参与到学习的每个环节，让学生“学得”相关学科的重点知识，是国际外语教学领域常用的一种教学模式和教学框架。

长期以来，国内学者一直对不同的教学方法进行比较、探索和创新的尝试，希望能将教学重点从知识点的讲解转移到对学生的“英语综合应用能力，特别是听说能力”的提高方面，大学英语课堂应该将听说能力的提高贯穿在整个课堂教学环节中。党的十八届三中全会决定深化教育领域综合改革，提出“坚持立德树人，加强社会主义核心价值体系教育，完善中华优秀传统文化教育……增强学生社会责任感、创新精神、实践能力”。创新人才的培养既是对高等教育的要求，也是对当代中国大学生的要求，大学生要拥有创新的想法，并且拥有将其实现的能力。《要求》中指出大学英语教学是高等教学的一个有机组成部分。该项目从大学英语教学入手，利用基于项目的学习方法，将其融入课堂教学的具体实践中，全面培养学生的创新意识。

在此背景下，基于项目的学习方法贴切地反映出《要求》的教学目标，从项目的准备、执行到总结各个步骤中，学生完全置身于英语听和英语说的氛围，组织语言，有效地完成听取其他同学同时说出自己的想法、建议和意见，完成信息输入、信息交换和信息反馈，最终实现英语综合的应用。在基于项目的学习框架下，学生根据自己感兴趣的话题和其他小组成员的商谈来决定项目主题的具体内容，学生们自己决定呈现的具体形式，学生们自己决定具体的实施步骤，调动了每个学生的积极性，保证学生在每个环节的参与，并保持其最后成果的个性化和创新性。

一、理论基础

基于项目的学习方法具有扎实的理论基础。基于项目的学习的理论基础是詹姆斯·格莱诺的情境学习和让·皮亚杰的建构主义理论。建构主义的核心可以概括为：以学生为中心，强调学生对知识的主动探索、主动发现和对所学知识意义的主动建构（而不是像传统教学那样，把知识从教师的头脑中传送到学生的笔记本上）。

建构主义理论的主张是，知识是学习者在学习经验的过程中获得的，学习者需要主动、积极地接受知识。基于项目的学习融合了学与做。学生不仅习得知识和核心课程的要点，而且可以将他们的所知应用于解决真实的问题，取得有效成果。基于项目学习方法中，学生成为学习环境的中心位置，或者说是学生的小组处于学习的中心位置；学习者主动地、自发性地去对布置的项目内容进行探讨、研究、协作，去解决问题，将所学和原有知识体系主动建构。

在此学习框架下，学生们“个体把外界刺激所提供的信息整合到自己原有认知结构内”（皮亚杰），将其他组员表述的信息与自身的知识结构整合、理解后，对自身的观点改善、修正、补充或放弃。

二、基于项目的学习的教学法在英语呈现环节中的实施

（一）实验目的

教师在基于项目的学习方法下的角色定位和传统课堂教学方法下的角色定位的对比；基于项目的学习方法中教师的定位方面，教师在基于项目的学习中扮演的角色要“不同于传统课堂的角色和责任”（Stiller, 2006），从而提高教学效果和教学质量。在项目进行的四个步骤，即项目创意、项目实施、项目检查和项目评价中，教师必须“身兼数职”，从指导者到监督者，再到导入者，再到培养者，最后到评估者，每个步骤中都对教师的教学有着具体的要求，只有教师的角色定位准确，才能保证基于项目的学习顺利进行。

（二）理论学习

课题组所有教师系统地学习基于项目的学习的相关理论，进行交流讨论。参与本课题的教师查阅大量图书资料，有效利用网络资源搜集与项目主导教学模式相关的最新的国内外研究。深化基于项目的学习的理论，根据詹姆斯·格莱诺的情境学习和让·皮亚杰的建构主义理论的解释，保持研究过程的客观性。

（三）实验对象

该项目将选择中国医科大学本硕连读 2011 级 419 名学生，共 12 个班级，其中 6 个班级作为实验班级，其他班级作为参照班级进行实验。实验班级包括:（1）班、（3）班、（4）班、（7）班、（8）班和（10）班，只在这些班级中使用该教学方法，其他班级使用传统的教学方法。

（四）实验思路

步骤一：形式为课堂口语呈现；步骤二：口语呈现的实施环节；步骤三：与参照组教师的教学效果比较；步骤四：与录制的视频和音频材料进行比较。

（五）实验实施

1. 准备过程

每次课堂上录制视频和音频材料，对实验班和参照班进行数据采集，以便客观记录教师在课堂上是否能够按照实验规定的角色开展实验，保证数据的科学性和可信性。

2. 第一次口语呈现

实验班的教师角色

（1）指导:说明教学目的（课堂口语呈现的具体要求:5~6 人 / 小组），组员自定；实验班口语呈现的主题自定；呈现的时间自定；呈现的形式自定；PPT 的技术辅助形式自定。

（2）监督:需要用英语进行所有的讨论和沟通，每个小组讨论时间为 10~15 分钟。

（3）辅助：每个呈现小组口语讨论出现终止，教师给予解释的沟通协调。

参照班的教师角色：按照传统的讲授模式，对固定主题进行讲解、分析和答疑。

3. 调查问卷

实验班和参照班的每名学生根据课堂口语呈现中教师的角色定位，确保教师在课堂中的表现和实验目的相符。

4. 实验数据分析

巴赫曼（Bachman）的交际法语言测试在评估中强调细化和量化，有利于提高评估的信度和效度，是目前广泛采用的语言测量方法之一。作为一种标准参照测试，交际法测试将受试者在完成测试任务时的表现制定的评估标准参照体系进行比较，据此判断受试者在测试中达到的语言水平。

为了避免出现评估标准的模糊性和主观性，该语言测试将语言组成部分进行细化，将语言的评估看成一个动态的过程，特别适合口语能力的评估，为本课题的评估提供了一个良好的参考模板。

5. 访谈形式

对存在明显差异的学生进行面对面的交流，排除因个人因素和其他原因造成的无效数据。访谈内容包括：是否因主观原因（情绪、身体健康状况、性格等因素）导致卷面的分数与呈现中英语口语应用能力的差异；是否因客观原因（环境、设备等因素）造成评估的分数差异。

三、教师在基于项目的学习框架下的实施口语呈现的具体教学特点

1. 教师是基于项目的学习的教学方法的设计者。在大学英语课堂口语呈现环节，基于项目的学习的教学方法虽然准备和实施的过程特别耗费时间，但是只要项目的内容设计适当，该教学法就可以取得非常好的教学效果。

2. 教师是基于项目的学习的教学方法的引入者。在课堂口语呈现环节，教师引导学生自主地选择、设计、完善感兴趣的话题和内容，学生不仅可以习得知识和所选内容的要点，而且可以将他们所学的英语真正变成一种有效的沟通工具，应用于解决真实的情境问题。

3. 教师是基于项目的学习的教学方法的评估者。教师可以采用多样的评估方法，如口语应用的静态评估方式，教师对学生口语能力只采用常见的朗读、重复句子、回答问题、情境反应、提问题、信息转换等方式；或者采用巴赫曼的交际语言测试

法动态评估方式，将测试的分析性评分比例增加，降低印象性评分，提高口语测试的效度。

基于项目的学习方法具备扎实的理论基础，通过该课题的研究，调查问卷、具体的数据和教学成果均可证明该方法具有很强的操作性，是大学英语口语教学中一种有效的教学方法，能够在大学英语教学中有效地提升学生英语口语综合应用能力，希望可以更进一步将此方法提高推广。

此外，基于项目的学习方法作为现有大学英语教学方法的一种，并不是对原有教学方法的否定，而是对其他教学方法的延伸和扩展，可以将此方法与其他方法进行有机结合运用，来提高学生的英语口语应用能力。

第四节　大学英语口语课堂的任务设计

“任务型教学法”是 20 世纪 80 年代二语习得研究者和外语教学法研究者在语言习得、社会构建主义、人本主义心理学和体验式教育等理论基础上建立起来的以意义为中心、以完成交际任务为教学目标的外语教学方法，是交际教学法的发展。

一、任务的内涵及其要素

努曼（Nunan）认为，语言学习中的交际任务是学习者使用语言来理解、交际、产生话语的活动。这些类型的任务可以使学生发展语言的能力，最终达到在生活中使用这类任务的目的。这就为在课堂上实施任务提供了依据。威利斯（Willis）从交际的角度进行分析，认为任务是学习者为了做成某件事情用目的语而进行的有交际目的的活动。

努曼认为任务具有结构性，并由教学目标、输入、活动形式、教师与学生角色和环境五部分组成。克拉申（Krashen）提出了“真实任务”的概念，并指出它包括输入、交互和输出三个阶段。夏贝尔（Chapelle）对真实任务的构成进行了总结，认为一般由五个部分组成：目标、过程、主题、地点、时间。①

综合以上观点，基于任务的外语口语教学中的任务应具备以下要素：主题、可理解性的输入、活动形式、可理解性的输出。主题是指任务围绕什么而展开，可理解性的输入是指语言知识及任务背景的输入，活动形式是指任务以何种方式在哪里展开，可理解性的输出是指学习者的语言知识的重新建构以及交际能力的提高。

二、任务设计的原则

任务型教学的核心是使学生成为课堂教学的主体，他们在真实的语言环境中通过执行有挑战性的学习任务来完成学习目标。这样的目的对任务设计提出了种种要求。

1. 任务设计必须具有交际性，同时兼顾语言能力的培养

斯基恩（Skean）提到任务设计的三个类型，即结构型、交际型和中间型。结构型模式强调任务执行过程中语言形式的使用，交际型模式强调任务设计的真实性，而中间型模式兼顾任务设计和语言形式的使用。中间型任务设计模式是比较适合实际需要和我国英语教学现状的模式。作为一种课堂活动，交际型任务促使学习者使用目的语参与到理解、操作、输出或互动之中。学习者通过与教师、同伴协商合作，共同完成任务。

任务设置的目的是培养学习者运用其已有的语言能力而进行有效交际。在此过程中，学习者的注意力主要集中在意义上，而不是在形式上。然而要注意的是，语言能力是交际能力的基础。语言课堂中提倡真实的交际型任务并不意味着绝对排斥非交际性的语言活动。作为交际能力发展前提的语言能力，即听、说、读、写技能有时也可以通过创设交际性情景进行发展。语言教学者应尽可能地创设各种交际任务，使得语言活动交际化。任务的设计应兼顾两种能力的发展，灵活安排语言活动

① （美）大卫·努曼．英语语言教学理论与实践 [M]. 凤凰出版传媒集团；南京：译林出版社，2008.

与交际活动。

2. 任务设计必须具有真实性

真实性是任务设计的重要依据之一。但对于真实性的意义，需要辩证地去理解。交际任务可分为真实生活交际任务与教学性交际任务。真实生活交际型任务是对学习者在平时或未来的学习、生活中可能出现的任务进行“预演”，而教学性交际型任务则是以语言学习的规律为参照，按照二语习得的理论来设置任务，从而促进学习者语言能力的发展。

真实生活交际任务与教学性交际任务的划分界限并不十分清晰，而是一个连续体。交际型任务应具有真实性，符合目的语学习者的实际语言能力及知识范畴，同时考虑任务与现实需求的对应性。如果把交际教学活动看作一个整体，任务设计的真实性应包括输入材料的真实性、课堂任务形式的真实性、学习环境的真实性三方面。

3. 任务设计必须具有层次性，注重活动形式的多样性、趣味性

课堂交际任务的设计还应考虑同一层次学习者的个体差异，既有利于全体学生的参与，又考虑到不同学生的语言基础和接受程度，由易到难，由简到繁，根据教学环节实现前后相连，层层深入，在教学时间足够的前提下尽量安排多个单位任务，并将这些单位任务链接构成任务链群，使不同层次的学生在完成任务的过程中都能得到不同程度的锻炼。

课堂的互动不仅存在于教师与全体学生、个别学生之间，同时也通过学生之间的互动存在，而且在更大程度上依赖于生生合作的途径，并通过交际型任务这一媒介得以推动。因此，教师在设计交际型任务时，应考虑任务完成的活动多样化，多采用小组和双人交互活动形式，突出学生在语言课堂中的主体地位。

教师要善于设计新颖别致、能激起学生创造力的任务。丰富多彩的情境设计能给学生带来新鲜感，增添语言知识学习的趣味性，避免学生产生厌倦情绪，也有利于激发其非智力因素，营造积极主动的口语交流环境。

4. 任务设计必须具有可操作性

首先，任务必须切实可行，不可过难或过易，一些研究表明，学生对于过高或过低于自己学习能力的学习任务会丧失兴趣。因此设计的任务需符合学生的水平和需要，这对调动学生的积极性有很大的作用。

其次，任务虽然由学生独立去完成，但教师必须能从总体上进行把握和操控，在出现突发问题或偏离教学目标时能够及时予以引导和调整。对于任务涉及的人数、时间、形式等细节都能进行精确控制。

此外，准备的情况也影响到学习者完成任务的情况。因此，教师在设计交际型任务时应根据学生的实际水平做好不同的准备，并充分利用准备的时间来指导学生。

在任务型口语课堂中，教学要以学生为主体，以任务为主线。教师应重视任务设计，深入了解任务设计的内容、特点和要求，设计出符合学习者真实的语言能力、知识范畴，满足其交际需求，并兼顾语言能力和交际能力同时发展的教学任务活动，促进学习者的语言习得和发展。

第五节　大学英语教学评价的案例分析

一、案例背景

北京经济技术开发区实验学校的英语组开展“加强英语课堂评价”的课题实验，要求教师注重在英语教学中利用评价手段激励学生学习，渗透评价意识，培养学生良好的学习习惯和学习兴趣。同组老师在平时教学中探索出了一些行之有效的评价方法和手段，如福娃、金话筒、变脸等，这些评价措施的使用，使英语课堂呈现出空前的热闹。但是很快老师在教学中发现学生英语的学习兴趣远远强于学习效果。课堂上看似都是热热闹闹的学习、热热闹闹的表演，检查学习效果时却发现有很多学生都是滥竽充数，根本没有真正掌握英语，不会读英语课文，不会认英语单词，更别提用英语进行实际交际了。这就促使我们反思：到底如何运用好课堂评价？

二、案例呈现

顾芳老师授课的内容是“Welcome to our school”，她在教学中的评价贯穿始终，更重要的是把握住了评价的时机。

Teaching steps

Chant and Greeting

Lead students repeat two chants in book and give some suggestions about it.

Today our rewards are flowers and...（出示鲜花及其他的一些评价工具。）

Would you like to introduce our school use key words and useful sentences in unit 3？ The first can get the flowers.（引导学生用学习过的单词句子。）

Our school is very beautiful./Our classroom is very clean...（对表述清楚、发音好的同学进行表扬，并发一朵鲜花。）

Review the words about subject：

Social Science Study Swimming Chines Computer and so on...

（复习单词的方法很好，很新颖，不枯燥，学生的积极性很高。）

Questions：Which room do you like best？

Answers：I like... best.（用图片的形式，直接而易懂。）

Show（评价自然，工具是笑脸贴图和鲜花。）

Review the sentences（由学生迅速陈列所学句型，并及时评价。）

Introduce our school（分组用所学句型介绍自己的学校，对学生的介绍加以评价。）

Act the school for teachers whom come from.

Summary：How many flowers did you get？

How many stickers did you get？（总结评价非常流畅，没有浪费时间，是平时养成的好习惯。）

顾芳老师的教学评价具有以下几个特点：

1. 在刚开课时就出示本节课的评价工具，让学生对评价方法有一定的了解，激发学生的竞争意识和学习热情。

2. 在复习单词时，对学生的正确读音给予充分肯定，既是对读得好的学生的一点儿激励，又能给学生一个很好的示范，让学生知道这才是正确的读音。

3. 当进行讨论的时候，课堂上有点混乱，这时老师对表现好的同学进行评价，能使课堂安静下来。这样就帮助老师组织教学，不需要老师多费口舌就能达到事半功倍的效果。

4. 对学生在任务活动中的表现进行评价，使学生乐于完成任务。

5. 评价教具的使用很贴近课题及生活，用真实的康乃馨等教具，使评价具有直观性和可操作性。85% 的学生能够正确、熟练、流利地运用句型进行交流、替换。

三、收获

1. 口头评价：用口头评价个人或小组、班级。如简单的英语单词或短语 good、very good、good job、wonderful、excellent 等，都可以让学生感受到老师对他的评价中的鼓励。

2. 以“笔”为主的评价：利用作业本中的简单评语或黑板评语。在作业批改过程当中，针对学生自身的特点，可以写一些简单的内心交流的话或鼓励、需要注意的问题等，事情虽小，但效果非常好。

3. 身体语言的评价：用微笑、目光、动作等体态评价。这样的评价方式既有效又节约课堂教学时间。

4. 物质评价：如评选“月学习之星”，佩戴微笑徽章，优秀的一个，进步最大的一个。在课堂上发小奖品，如一块小小的糖果会活跃课堂气氛，活跃学习气氛，更能调节课堂教学效果。

5.“展出”评价：选出优秀或进步明显的同学的作业进行多种形式的展览。作业展览要与教学紧密结合，目标要明确。每次的展览，是偏重书写、格式、正确率，还是偏重技能训练等，老师要心中有数，要体现作业展览的计划性。作业展览，不仅使被展览的同学受到激励，还能为他人树立榜样，提高全体同学的作业水平、实践能力。

6. 学生评价：让学生自我评价与相互评价。

第八章 任务型教学模式改革创新研究

第一节 任务型教学模式下大学英语教学改革的现状

作为高等教育的重要有机组成部分，大学英语课程是非英语专业大学生的一门必修课程。随着我国经济建设的迅猛发展和国际交流的日益增多，这门课程的改革步伐也从未停歇，其重点主要放在培养学生的英语实际应用和交流能力方面。目前，大学英语教学虽然已经取得了不可否认的成绩，但也存在着一些亟待解决的问题，如教学理念、教学方法、教学模式及手段等方面都需要做出重大改革。

近几年，由于各省市高中阶段对英语考试政策的大范围调整，高等教育中大学英语教学改革也迫在眉睫。目前的大学英语教学主要存在以下几方面的特点。首先，教学目标考试化，教学内容书本化。以四、六级考试为主线的教学活动，忽视了学生的语言实际应用能力，包括跨文化交际能力、自主学习能力，甚至是基本的听、说能力，都没有得到足够的重视。其次，教学模式单一化，教师“一言堂”的现象普遍存在。声讨了十几年的“填鸭式”教学模式，至今仍然存在于大学英语的课堂之上，教师的角色被定义为知识的传授者、课堂的主导者，所谓的师生互动不过是教师一厢情愿的自问自答。学生的角色一直是被动的学习者，笔记满满，高分低能。最后，人才培养模式单一，对教学质量的重视程度不够。很多高校先后进行了外语教学改革，大多采取分级教学以期因材施教，但教学效果并未得到未有效改善。

一、大学英语教学普遍存在的问题

1. 以考试为终极任务的教学模式不能满足学生的实际需求，课堂教学内容大多与岗位需求脱轨，应试的知识结构和学习能力，难以达到实习与就业的实际需要。多数企业表示，毕业生要先实习，再学习，最后才能就业。

2. 大学英语教学存在效率低下的现象。多数学生虽然考试成绩尚可，但不能熟练阅读英文原版书籍，口头交流存在障碍，写作能力低下，不能满足岗位群的业务能力要求，使得许多毕业生空有一纸文凭，却始终徘徊在职场之外。

3. 大学英语的教学以词汇讲解、语法列举为主，教师缺乏对学生进行自主学习能力的培养和跨文化交际能力的历练，学生在使用外语进行交流的过程中会出现不合时宜的表达，脱离了国际化、全球化的大时代。

4. 作为教师，未能有效地引导学生增强自主学习的能力，使得学生过分地依赖课堂，又倦怠于课堂，形成了一种“以教师为中心，以讲授为主体”的课堂氛围，课堂外的自主学习几近于无。

二、任务型教学法

20 世纪 80 年代以来，任务型大纲（task-based syllabus）作为一种新型教育理念，被逐渐认可为一种有效的教学方法。随后，任务型学习模式（task-based learning）也因而得到进一步的发展。所谓任务型的教学模式，就是指学生在教师的指导下，通过感知、体验、实践、合作等方式，实现设定的任务目标，并完成目标。任务型教学法旨在赋予英语课堂教学新的内涵，并给课堂带来新的生机和活力。

任务型教学模式的特点在于：首先，任务高于一切。任务型教学法最重要的观点就是课堂设计要以完成任务为核心，而不是对语言基础技能的讲授和灌输。它主要强调教学环节外的任务设置，教学活动中的任务完成过程，以及教学效果的评价。教师要从学生的角度设计教学任务，使学生在可以执行的能力范围内连续地进行一系列的任务体验，体验成功的喜悦。其次，交际高于一切。任务型教学法以培养学生外语交际能力为出发点，强调提高学生的交际能力是任务完成的主要考核标准。因此，教师应把课堂还给学生，充分发挥学生的主观能动性，激发学生交际的动机，引导学生进行大量有内容有意义的语言交际，如演讲、辩论等课堂活动。这种教学模式使得语言的习得变得轻松、愉快，又丰富多彩。

1. 任务型教学法的内涵

任务型教学法是被应用语言学家和外语教学实践者广泛认可和接受的一种外语教学方法。语言学家努曼曾对任务型教学法进行了概括，他强调学习者要用目的语互动学会交际;教师负责使真实文本引入学习者的学习环境;为学习者提供关注语言，而且关注过程的机会；除此之外，学习者的个人学习经验、人生阅历的增长会促成课堂学习；课堂学习与校外学习是密不可分的。任务型教学法的内涵强调教师必须依据教学目标，进行符合学生实际的课堂设计，贴近学生的生活，又富有时代的色彩，让学生以多种多样的形式参与到课堂活动中来，如通过调研、查阅、小组讨论、采访等方式来学习和使用英语，学生们要以所谓的意义为中心，调动自己所有的资源，来进行“意义”构建，从而解决各种交际的问题。

2. 任务型教学法的优势

与传统的大学英语教学模式相比，任务型教学法显示出其特有的优势。

①教学目标明确：它可以高效地引导学生完成基本的学习内容，如语法知识、阅读技巧等。更重要的是，明确的教学目标可提高学生的自主学习能力，充分调动学生的学习积极性，而且也从教与学的互动角度，提高了教师讲授的积极性，提升了教师实践教学能力，为科研工作提供了可靠的实践经验，以学促教，以教促研，是一种双赢的体验。

②激发学习灵感：教师可跨越多个知识领域、运用多种研究方法设定课堂任务，使学生的学习兴趣得到调动，从而激发他们创造性地完成既定目标，达到良好的教学效果。首先，这会使学生在语言习得的过程中得到更多的学习体验，如查阅资料、走访调研、互助合作、发挥想象力等。其次，这也帮助他们提高了自己的语言综合

应用能力，如演讲、辩论、朗诵、写作等。

三、任务型教学模式下大学英语教学改革的主要内容

1. 转变教学理念，提高教学水平

外语考试不应被视作大学英语教学的终极目标，要在确保学习效果的前提下，彻底摒弃把考试通过率视为衡量英语教学水平高低的错误观念。学生是课堂教学的主体，大学英语的教学模式由以教师为中心转变为以学生为中心；教师是课堂的引导者、帮助者，其角色应从知识的传授者转变为实践能力的指导者和教学质量的监控者；大学英语教学的重点要从语言的基础知识传授，转变到语言文化的熏陶，与语言实际应用能力培养上来。

2. 完善课程体系和人才培养方案

课程体系的调整不是单一的某一课程或者某一学科的变动，而是涉及整个教学计划的统筹，教学大纲的修订。作为人才培养方案的一个重要方面，教学管理部门应以本校的实际、学生的实际为最根本的出发点，就大学英语的改革而言，不只包括了语言知识和传授、语言技能的训练，还要重点突出听、说、读、写、译等语言应用能力的培养。制订一整套完整的考核方案，科学地、合理地进行与时俱进的调整，集众力最终达到这一教学目标。

3. 优化教学方法，调整课堂角色

教学方法的优化主要依靠教师与学生课堂角色的转换，要彻底改变以教师讲授为主线的课堂秩序，教师要做学生的引导者和帮助者，把备课的精力主要集中在为学生提供优质的、有效的、正能量的课堂任务中去，培养学生完成任务的能力，从而提高他们的自主学习能力，扩宽他们的知识储备，使他们成为具有一定语言交际能力的新型人才。因此，教师应有的放矢地去调整教学方法，如多媒体数字化教学、校园网络教学平台、手机软件选课评教系统等。与此同时，学生要在教师的引导下，出色地完成课堂任务，以完成任务为目的，高效地学习，从而不断增强自己的语言

应用能力。

4. 提高教学质量，注重师资队伍建设

提高教学质量的主要途径是充分利用先进的教学手段，目前很多教学资源都配备了先进的课件和网络资源，如一些网络课程的开发、多媒体资料的运用，以及微课、慕课等多种教学方式的推广，这些先进的教学方法和教学理念对教学质量的提升都有极其深远的影响。同时，在教学过程中，教师应该不断地进行实践和反思，采用问卷调查等形式对教学效果进行调查和检验，为提高教学质量提供可靠的第一手资料。学校还可成立教学质量监控部门，请专家进行听课、评课，择优聘用教师，低职高聘。从而激励教师不断地提高自身素质，确保教学质量的有效提升。

综上，正如大学英语改革所强调的那样，任务型教学模式必须实行个性化教学，充分发挥教师的课堂导向作用，课堂内外都要秉承“以学生为中心，以学生为主体”的教学理念，以学促教，以教促研，保质、保量完成教学任务。只有这样，任务型英语教学改革才会取得较好的效果，帮助学生提高语言的实际应用能力和自主学习能力，有效增强教师的综合素质和业务水平。

第二节　任务型教学模式下大学英语课堂教学改革的实践

大学英语是我国高校大学生的一门必修课，教育部制定的《要求》中指出，新的大学英语教学模式应体现语言教学之实用性、趣味性及知识性，最大化调动课堂上师生两者的积极性，特别要展现课堂上学生的主体地位和教师的主导作用。

任务型语言教学模式兴起于 20 世纪 80 年代，坎德林（Candlin）、威利斯（Willis）等给“任务”下了不同的定义，对该语言教学模式的具体操作步骤给出了基本架构，并使其得到广泛的推介与应用。近年我国很多学者也积极对该教学理论和模式做了评价，并着重探究了其在课程教学中的运用，如夏纪梅尝试定义了“任务”的概念、分类及其基本特征，张煜探讨了任务型教学法与写作教学实践的结合与应用，刘国生研究了基于网络环境的大学英语视听说课堂任务型教学模式等。任务型语言教学模式体现了英语教学途径、手段和理念的更新，更注重学生语言自主学习能力和实际运用能力的培养，切实达成了以学生为中心、自主学习和个性化学习的转化。

本文拟从任务型教学模式的概念出发，对笔者运用任务型教学模式实践于大学一年级非英语专业学生的大学英语课堂教学的方法和成效进行研究，以期探讨任务型教学模式的可行性和有效性。

一、任务型教学模式

（一）“任务”的概念

“任务”在外语教学领域是个意义多重的术语。从教学视角来说，努曼（Nunan）认为“任务”是任何学习者理解、生成目标语、与目标语互动、注重语言意义而非形式的课堂行为。埃利斯（Ellis）谈及任务是以语言意义为中心的语言应用行为。由此可见，“任务”重视语言意义，带有特殊目的性，同时强调语言交际和实际应用能力。教师要根据课堂教学具体的目标来设计各项能有机结合课文词汇、语法与功能的活动以完成教学任务，并达成教学目标。

（二）任务型教学模式

威利斯（Willis）提出任务型教学实施应坚持运用语言交际、提供真实有效的语言资源、激发语言学习者实际语言应用和分阶段划分侧重点的原则，并依此原则要求，设计出如下三阶段的任务型教学模式：（1）前期任务，即引入题目和介绍任务阶段；（2）任务执行阶段，包含任务的实施、计划和报告；（3）语言分析阶段，注重语言形式的分析和练习。[①] 该模式的核心是“做中学”，教师在设计任务活动时应了解教学要求和语言内容，制订活动计划，定位师生角色，明确活动方式，

① 爱德华兹，威利斯 . 任务型英语教学法 课堂研究与实践 [M]. 北京：高等教育出版社，2009.

考虑监控手段。通过任务活动的开展，学生带着明确的任务目标积极主动学习，能驱动师生双向或生生多向的互动，有助于训练各语言技能，培养其语言综合应用能力。

二、研究方法

在2015—2016学年第二学期（春季）组织了教学对比实验，实验组在大学英语课中采用任务型教学模式。在课堂上通过设计各项任务，学生自如地运用目的语。控制组还是以教师为中心，采用教师讲授为主的教学途径。

（一）研究对象

实验的对象来自随机抽取的2015级大一非英语专业的两个班级——针推1班和中医2班。针推1班58人，作为实验班，运用任务型教学途径教学；中医2班62人，作为控制班，采用传统教学方法教学。这两个班在实验前进行了一次测试，针推1班平均分为82.50分，中医2班平均分为79.50分。两个班平均分的Independent Samples Test检验结果表明：F=3.8，P=0.06（＞0.05），方差齐次：t=0.639，v=50，P=0.525（＞0.05），最终统计结论为：这两个班级之间的平均分没有显著差异。[①]

（二）研究设计

在实验中，除实验所要求的变量外，实验组和控制组的其他教学情况完全一样，即教材、教师、课堂教学课时等全部一样。

对实验组针推1班采用任务型教学模式。对控制组中医2班采用传统的教学途径，先讲授词汇和结构，再讲授课文，最后进行练习，完全以教师为中心。

1. 教学实例

本节以《新视野大学英语读写教程（第二版）》第二册中的Unit 4 “A Test for

① 宫玉娟著. 大学英语教学模式改革创新研究[M]. 吉林出版集团股份有限公司，2018.

True Love”为例，说明“任务”的设计和在课堂中的运用。

Pre-task：Introduction to the topic

在进入课文之前，教师会让学生听一首歌《My Love》，歌名直奔课文的主题“True Love”。

Task 1：What is love? Is there any love at first sight?

这是前期任务，旨在激起学生的学习兴趣，起到了介绍题目的作用。

Task-circle：

Task 2：Discussion：Can there be true friendship between a man and a woman, or such friendship is “love in the disguise”?

这是进入课文前布置给学生的讨论任务，对课文内容进行挖掘。本文主题是真爱的考验，让学生讨论男女之间会否产生纯洁的友谊还是以友谊为幌子的爱情，这种任务学生有话可说，也比较感兴趣。

Planning：

Task 3：Make a comparison between the factors and reasons you mention and those mentioned in the text.

任务规划阶段，教师将班级成员分为六组，每组派代表向全班汇报讨论结果，并通过和课文对比分析，使他们对课文内容有更深的理解，同时也对爱情含义有更广的体悟。

Report：报告形式既可以检验学生是否已理解文章中心，也可锻炼其文章总结和口语发挥的能力。

Language focus：这一阶段主要是对文章里的重要词汇及句型进行分析和练习。

最后，为了进一步提高学生交际能力和写作能力，教师还有必要为学生提供一个创新和实践的机会。

Task 4：Debate：

Can true love grow between net friends who have never met?

素未谋面的网友能否产生真爱，这样的敏感话题能引起学生们讨论的兴趣，教师将全体学生分为两组，持赞同和反对意见的学生分坐两边，借助本单元学过的课文知识，用英语进行辩论。这一过程就是让学生充分利用本单元所掌握的英语知识进行实践，体现了任务型教学“做中学”的原则。

2. 研究工具

本次研究以测试为主要的研究工具。将实验前的考试作为原始成绩，在一个学期的教学实验中，对所有学生进行期末考试。实验的测试试卷均由教研组老师共同设计，实验组老师不参与出题，以减少教师可能对考试结果所产生的影响。

3. 研究结果

在学期期末时，针推 1 班和中医 2 班的平均成绩分别为 77.6000 分和 66.9773 分。其中 $F=0.989$，$P=0.32(>0.05)$，方差齐次：$t=2.231$，$v=50$，$P=0.032(<0.05)$，结果表明：两个班级之间产生了显著差异，针推 1 班成绩比中医 2 班好。由此看出任务型教学在针推 1 班取得了一定的成效。

在本次大学英语课教学改革中，任务型教学模式使学生变成了课堂的主体，大幅提高了学生学习的主观能动性，充分体现了其以学生为中心的教学原则，取得了一定的成效，也得到了学生们的认同。但在任务型教学实施过程中还有几方面的问题有待于今后进一步解决。首先是教师自我定位的问题，教师的角色应当由以前主导课堂教学转化成引导、组织、参与和监控课堂教学。其次是课堂上合理分组的问题，如何有效分组，使更多学生参与课堂任务活动值得思考。另外，任务型教学给大学英语教师提出了更高的要求，教师如何根据课文具体内容安排教学活动，指导和督促学生完成语言、认知、文化及情感任务，需要教师在教学实践中不断摸索。

第三节　任务型教学模式在大学英语教学改革中的运用

教育部颁布的《大学英语课程教学要求（试行）》指出：“大学英语的教学目标是培养学生的英语综合应用能力。”多年来，许多学校的大学英语教学主要受大学英语四、六级考试的影响，主要采用应试教育教学理念，虽然目前诸多学校学生四、六级通过率逐年上升，但是学生的英语实际应用能力仍然十分薄弱，这与教育部颁布的大学英语课程教学要求背道而驰，为实现教学目标，大学英语教学改革势在必行。教师作为教学活动的组织者，教师的教学理念的更新和教学思想的转变是有效实施大学英语教学改革的关键。如何实现有效的教学改革是每一位一线教师需要思考的问题。首先，教育的指导思想应从应试教育向素质教育转变；其次，教学内容应从注重语言知识的传授向注重学生交际能力的培养转变；再次，教学模式应从以教师为中心向以学生为中心转变。在交际语言教学的基础上逐渐发展和形成的新的语言教学模式——任务型语言教学，是实现上述三种转变的有效途径。

一、任务型课堂教学设计的理论基础

任务型语言教学（Task-based language teaching）是 20 世纪 80 年代国际应用语言学界借鉴教育学、心理学、社会学等相关学科的理论和方法运用于外语教学，通过大量理论研究和教学实践提出来的一种新的教育理念。第二语言习得理论区分了“学习”和“习得”是两种截然不同的学习效果。这种认识对我们改革传统课堂中注重语言形式而忽略语言交际有重要的指导意义，教师应意识到要把教学的重心从“怎样教”转向“怎样学”，促使课堂教学交际化。新的教学模式应该调动课堂内外有利于学习者学习的各种因素，结合具体课堂教学内容和目标，进行课堂设计，并系统地加以实施。任务型语言教学把语言应用的基本理念转化为具有实践意义的课堂教学模式。

努曼（Nunan）认为，任务型语言教学是将真实的语言材料引入学习环境，给学习者提供学习语言的环境和过程，并在这个过程中把学习者个人的学习经历作为课堂学习的重要资源，与课堂语言学习和课外语言学习连接起来，从而达到通过目标语学会运用语言的目的。①

① （美）大卫·努曼．英语语言教学理论与实践 [M]. 凤凰出版传媒集团；南京：译林出版社，2008.

语言教学中的任务的完成都要求语言的实际运用，任务主要包含下列因素：语言的实际运用、具体的活动、活动的实际实施。换句话说，任务型语言教学应该基于教材上的内容为学生提供一系列课堂内外活动计划，学生必须通过使用目标语完成这些活动，在这一真实过程中，学生能运用各项语言技能，实施一系列的认知活动，最终完成任务，达到交际目的。

二、任务型语言教学课堂实施步骤

根据埃利斯（Ellis）在2003年所做的研究，任务型语言教学课堂实施步骤由三个阶段组成：

前任务阶段（pre-task phase）：本阶段的目的是让学生通过实施课堂教学任务促进语言习得，教师引入课堂主题和布置任务，并帮助学生理解任务的要求。在这一阶段中，教师要充分利用大学英语教改的环境，来弥补课堂学习语言环境的不足，通过将前任务阶段延伸到课外自主学习，学生有足够的语言输入，教师要求学生通过听觉和视觉的大量感知真实的语言材料，通过多看、多听、多读来接触和理解真实语言材料，构成任务中阶段的语言输出基础。

任务中阶段（task-cycle phase）：在这一阶段，学生为完成交际任务而尽其所能运用已学的语言知识表达自己的思想，各组学生采用行之有效的方式向全班同学报告任务完成情况。

后任务阶段（post-task phase）：本阶段中，学生就执行任务情况进行汇报，教师鼓励学生对正式任务成果进行反思，从而进一步学习、巩固和掌握前阶段所运用的语言知识。教师还应适时指出任务完成过程中的遗漏内容、学生的语言错误，从而提高学生分析问题的能力和语言表达水平。

三、任务型教学模式课堂任务的设置与实施

以“Man and Nature”(《新世纪大学英语》第四册第一单元）为例，具体说明上述教学过程的设置和实施。根据教学原则、教学步骤，在完成本单元教学的整个过程中，共设计五个活动。

Follow-up activities 是课堂引入活动，使学生能一目了然地把握本单元主题。教师向学生播放一段视频，该视频向学生呈现一组图片，观看完毕之后，要求学生小组讨论，引导学生总结出:该组图片显示了城市化进程和人类文明的进展过程，同时，这一过程也就是森林被砍伐、大自然被破坏的过程。在引出话题后，提出问题，“What do you think we do to preserve the nature?” 供学生思考，通过回答问题这样的活动，学生可以根据已有的知识和其他同学进行交流、讨论，从而很自然地进入第二阶段的正式任务：课文阅读。要求学生从课文中找出作者就人与自然之间的关系发表看法的句子，以及作者提出解决办法的句子，并通过正误判断题、完形填空、解释、举例等练习形式理解这些句子，对文章的理解为下一个活动做好准备。在学生对课文充分熟悉后，教师要求小组同学合作准备 presentation，这一活动是最高要求的任务活动，演示组的同学通过这一活动，实际运用英语向全班介绍有关内容，其他同学通过观看他们的演示从而了解他们不太清楚的内容。这一活动为较高难度的活动，按照任务的三个阶段具体阐述任务的施行。

1. 任务前阶段

Work in groups to prepare a presentation on one environmental problem such as deforestation, water pollution, acid rain, global warming, or hazardous wastes, etc. You may find the information you need from the Internet. Your presentation should cover the causes, effects and solutions of the environmental problem you work on.

教师要求每个小组选定一个环境问题，并对每个小组的 presentation 应该涵盖的内容做出具体的限定和要求，在话题和任务具体明确的条件下，学生在课前协作搜集资料时能有针对性地选择最有价值、最权威的信息。教师提前三个星期给学生布

置任务，这样确保学生有充足的时间对所要研究的问题进行多渠道、多角度的资料收集。同时教师应该给学生提供资料来源，如提供网站地址或参考书目名称，使任务简单化，让每位同学有能力完成任务。在任务前阶段，每个小组的学生既能锻炼收集、整理、归纳、总结材料的能力，也能提高分析问题的能力。在学生完成任务后发现，学生在这个阶段所做的工作和他们在这个阶段所培养起来的能力远远超过教师的预期。学生除了收集资料，还做了调研工作，他们充当记者进行街头采访，将采访摄像并做成视频文件。学生在完成任务的过程中充分体验了快乐，也提高了动手能力与交际能力，充分发挥了自己的才智和创造力。

2. 任务中阶段

教师要求每个小组向全班同学展示成果，再由其他同学结合课文介绍的知识，向他们提问以达到交流信息的目的，这样，不仅锻炼了学生的表达能力，也提高了其他同学以发问的方式获取知识的能力。在这一阶段，学生运用自己的语言能力和交际策略向全班同学展示小组的劳动成果，既锻炼了语言表达能力和沟通能力，也增进了学生彼此间的交流，真正实现了生与生之间的交流。

3. 任务后阶段

教师对每个小组的 presentation 的内容和语言进行评价，对各小组的 presentation 的要点和话题进行概括性小结，并指出带有普遍性的语言错误。在实际的教学过程中，教师应遵循任务型教学法的原则和理论来引导和指导学生完成任务，克拉申认为，语言习得必须是在大量可理解性输入的前提下，从交互性的输出中得到发展。任务型教学要面向全体学生，任务的设计要以绝大多数学生为中心，同时要考虑到学生之间的个体差异，难度要适中。任务的设计要有层次性，注重由简到繁，由易到难，层层深入；任务与任务之间应相互关联，并层层递进。随着课堂进程的发展，任务在其内容的拓展上、语言知识的难度上、各种能力的训练上都应体现出渐进性和发展性。所有的任务都必须具有合理的挑战性，只有这样，学生为完成任务所付出的努力才会有收获。

与传统的课堂教学不同，这种基于网络和多媒体技术的任务型教学模式可以构建开放的教学空间，使教学活动由课内延伸到课外，这样可以大大提高教学效果。首先，内容更加丰富，学生不再仅仅局限于课本材料，而是围绕课文提供的主题所设计的任务，利用大学英语教改环境，根据个体差异围绕任务去进行学习，从而满足不同层次的个性化学习要求；其次，形式更加多样，学生的学习也不再局限于课内教师教、学生学，或者单纯地在课外利用多媒体技术和网络资源进行的自主学习，而是学生通过多方位形象、直观的交互式学习环境，学生作为认知主体，开启学习的内在动力，激发出学习的积极性，这样，从长远来看，有助于学生自主学习能力的提高。总而言之，任务型教学模式是通过模拟出真实而有意义的语言环境，向学生提供较好的语言输入和输出，学生在互动的语言环境中完成任务，实现语言的实际运用。大学英语教改环境下任务型教学的设计有效地改善了语言学习的环境，基于计算机和网络的任务型教学模式使教学不受时间和地点的限制，朝着个性化学习和自主式学习的方向发展。

第四节　以任务型教学模式推进大学英语课堂教学改革

近年来，在交际教学思想指导下，以任务为中心的语言教学方法得到了不断的发展。任务型语言教学是在认知心理学基础上吸收第二语言习得领域的研究成果，把语言应用的基本理念转化为课堂教学实践的教学模式。这一教学理念强调以学生为主体，提倡“意义至上，使用至上”的教学原则，要求学习者通过完成任务，用目标语进行有目的的交际活动。努曼（Nunan）认为，任务型语言教学是将真实的语言材料引进学习环境，给学习者提供语言学习的过程，并在这个过程中把学习者的个人经历作为课堂学习的重要资源，与课堂语言学习和课外语言活动相结合，进而达到通过目标语学会运用语言的目的。①

① （美）大卫·努曼．英语语言教学理论与实践 [M]. 凤凰出版传媒集团；南京：译林出版社，2008.

一、任务型教学模式的理论与发展

随着教育改革的深入和教育观念的更新，任务型教学理论逐步被世界各地的英语教育工作者接受和认可，并得到很大发展。我国对任务型语言教学在课堂教学中的应用和研究日趋广泛，受到人们越来越多的关注。威利斯（Willis）在她的著作《任务型学习模式》[①] 中提出，以任务为基础的课堂教学分为三个阶段，即根据任务形教学中的任务整体构成及其循环规律，一个完整的任务的构成主要由前任务、任务和后任务三个阶段构成。在前任务阶段教师通过介绍任务话题和任务要求，能动地发挥减轻学生的认知负荷和交际压力的作用，满足他们的认知需求和语言需求。在任务进行过程中帮助他们选择任务进行的方式和处理任务的方式，激励学生积极、主动地进行竞争、合作、协商，努力完成任务，并适时给予必要的帮助。教师在后任务阶段的积极作用是在总结任务完成的结果和得失的基础上，重视归纳和分析学生在用语言做事完成任务的过程中的语言形式，有针对性地练习和强化相关的语言知识和交际技能，达到通过语言实践更好地掌握语言的目标。

二、交际教学对大学英语课堂教学的要求

教育部颁发的《要求》（试行）要求大英语教学应该“倡导任务型的教学模式，让学生在教师的指导下，通过感知、体验、实践、参与和合作等方式，实现任务的目标，感受成功”。《要求》明确了大学英语教学将朝着个性化、立体化、网络化方向发展。它更加注重英语实际应用能力的培养，把英语当作一种交际工具，用于对外交际沟通，服务于专业、科研的要求或者是满足毕业后所从事的某种职业的需要，全面提高大学生的英语综合应用能力。在采用任务型教学时，教师不能脱离教学目的与教材，在设计任务时，教师必须考虑语言知识目标、语言能力目标；要考虑如何使学生掌握教材中的语言点，并把这些与任务活动结合起来，脱离语言知识和语

① 爱德华兹，威利斯 . 任务型英语教学法 课堂研究与实践 [M]. 北京：高等教育出版社，2009.

言技能的培养而谈论学生的综合语言能力是不可能的，也是不符合语言教学逻辑的。

目前，任务型语言教学已经在我国的中、小学英语教学中广泛应用，这一教学模式尚未在大学英语教学中普遍运用。为了落实和实现《要求》的目标，在提倡任务型教学的前提下，大学英语教师要在教学目标的指导下施教，主动从自身主导型向学习者主导并以学习者为中心的学习形式转化，使学生能在任务型教学方式下感受成功，并在学习的过程中获得情感体验和调整学习策略，形成积极的学习态度，促进其语言实际运用能力的提高。大学英语教师应该结合实际，学习和吸收现代语言知识、学习论和第二语言习得研究和外语教学研究成果等有关知识，进一步深入了解交际教学法的深刻内涵和任务型教学的基本要求，改变课堂教学模式，主动适应新的要求，注重培养学生的自主学习、合作学习意识和实际语言交际能力，变单纯的课堂知识传授型的教学为交互、动态的以任务为主要形式运用语言解决实际问题的学习形式。

三、任务型教学模式在大学英语课堂教学中的应用

任务型语言教学的核心思想是要模拟人们在社会生活、学校生活中运用语言所从事的各类活动，将语言教学和学习者在今后日常生活中的语言运用结合起来，培养学生在真实生活中运用英语语言的能力。这种教学模式由于强调学生是认知过程的主体，是意义的主动建构者，因而有利于学生的主动探索、主动发现，有利于培养创造型的人才，这是其突出的优点。任务型教学注重真实场景下的、以明确目标为导向的语言交际活动：它要求学生通过完成任务的学习活动来掌握真实场景下的、以明确目标为导向的语言交际活动；它要求学生通过完成任务的学习活动来掌握真实、实用和有意义的语言，提倡以教师为主导、以学生为主体的教学活动；它倡导体验、实践、参与、交流和合作的学习方式，学生在参与教师或教材精心设计的任务型学习活动中认识语言，运用语言，发现问题，找出规律，归纳知识和感受成功。任务型语言教学模式的根本特征是以任务为核心单位计划、组织语言教学。任务型

的教学模式以培养学生语言实际应用能力为落脚点，学生在大量学习和使用英语的交际活动过程中应用语言，掌握各种语言规律，巩固语言知识，获取语言技能。教师必须转变教育教学观念，转变教师角色，为学生创造大量使用语言的环境，使学生在大量交际活动中使用语言、掌握语言。

古语云:“师者，所以传道授业解惑也。”其实这种权威式教育过分强调教师的作用，是一种灌输式教学，教师过分看重“传”和“授”，而忽视了“引”和“导”，过分强调书本知识的传授，忽视了学生的个性发展。传统的教师中心模式是:“以教师为中心，教师利用讲解、板书和各种媒体作为教学的手段和方法向学生传授知识。”在这种传统的教师中心观下，往往忽略了学习的主体——学生。随着英语教学法的发展，任务型教学法已经逐渐显示出其教学优势，这种新型教学模式要求教师从根本上改变以往的教学角色，根据任务型的教学途径，尽量创设交际环境，面向全体学生，让每个学生都参与到学习的各个环节中来。要实现这个目标，教师必须打破传统的教育教学标准，根据不同层次的学生以及学生的个人特点设计不同的教学方法，应用多种教学手段激发学生的学习兴趣，使全体学生都得到发展。学习者可以通过多种渠道，发现和感知他们的生活环境，以让他们在头脑中去建构自己独到的见解。这种构建强调学习者个人从自身经验背景出发，建构对客观事物的主观理解和意义；强调人的学习与发展发生在与他人的交往和互动之中。教学应该置于有意义的情境中，最理想的情景就是所学的知识可以在其中得到运用。因此，教师应该根据这一理论，尽可能地创设真实的环境，设计合理的教学任务，让学生有更多的机会参与到课堂中来，并最大限度地激发学生的学习动机和学习兴趣，使他们能更好地综合运用他们所学的语言，在相互交流中学会交际，学会学习，学会做事情。

任务型教学法与传统教学法之间的差异在于前者注重信息沟通，活动具有真实性而且活动量大。英语课堂教学具有“变化性互动”的各项活动，即任务。学生在完成任务的过程中进行对话性互动，进而产生语言习得。其本质反映了外语教学目标与功能的转变，体现了语言教学从关注“教”向重视“学”，从以教师为中心向以学生为中心，从注重语言的客体本身向语言习得和运用的主体转变的趋势。英语教学在教授学生英语知识和技能的同时还应注重发展学生的学习能力，在英语教学的过程中，教师要使学生的听、说、读、写四种语言技能得到发展。语言技能是通过语言学习和语言实践培养起来的，需要学生之间进行多次交流、磋商及合作才能完成。

任务型语言教学有大量的理论研究支撑，与教学实践和探索紧密结合，是外语教学发展史上少有的理论与实践紧密结合的教学途径。在大学英语教学中提倡任务型教学，必然带来教学模式的改变和教学中教师和学生角色、地位的转变及其功能的调整。只有正确认识和处理好这种转变，才能有效地推进任务型语言教学的开展，促进大学英语的改革和发展。任务型教学模式是一种语言教学的有效途径，同时它又是一种新型的教学方式，因此需要教师在教学中大胆实践，积极探索，才能使任务型教学模式在提高学生的英语实际运用能力上发挥出最大的效应。

第五节　大学英语任务型教学探讨

学生综合英语能力的培养在很大程度上取决于教学的组织形式。现代教学理论认为，学生是教学活动的主体和中心，教师在教学活动中起着组织者和策划者的作用，而不像在传统教学中教师完全控制整个教学活动。但是在当今的不少英语课堂上，教师依然是教学活动的中心，“满堂灌”“填鸭式”教学仍然是教学的主要形式，学生只是被动地听、读、抄、背，没有积极、主动地发现问题、思考问题、解决问题。久而久之，他们逐渐对英语感到厌倦，甚至失去兴趣。为切实做好中学英语与大学英语教学的衔接，中学英语教学中也可以采用任务型教学法，并做出研究和尝试。

一、任务型教学法的研究现状

任务型教学法是基于完成交际任务的一种语言教学方法，以计划和操作为其中心内容。它通过师生共同完成语言教学任务，外语学习者自然地习得语言，促进外语学习的进步。任务型教学法注重教会学生如何在完成一系列的任务中提高交际语言能力，注重指导学生达到交际目的，强调通过口语和书面语交际的训练，掌握语言技能。另外，任务型教学法“注重探索知识体系本身的功能，特别是探索学习及运用语言之道”。

自20世纪80年代以来，任务型教学法在许多国家受到关注，已经成为当前教学理论研究领域的热点。许多语言教学专家和学者对这一理论做了详细的阐述，并不断地进行改进和完善。

语言教学一直存在着形式与意义之间的矛盾、发展语言系统和发展语言交际能力之间的矛盾、语言课堂教学和语言自然习得之间的矛盾、提高语言流利性和准确性与任务复杂性之间的矛盾。任务型教学法在发展过程中对这些矛盾也进行了探讨，并最终找到了基本一致的解决办法。

朗（Long）和克鲁克斯（Crookes）认为，任务是一项有特定目的的工作和活动。在确定教学任务时，他们非常强调进行需求分析。他们认为，任务应与日常生活紧密相关，设计教学任务必须知道学生在真实生活中会碰到哪些任务。朗还从第二语言习得理论出发，初步发展了任务型语言教学的理论模式——交互修正理论。该理论分析了任务型语言教学的合理性和可行性，并为在完成任务的过程中应注意语言形式，找到理论根据。他认为，可理解性语言的输入有助于产生语言习得，使语言输入变为可理解输入的最重要途径就是交际双方在会话过程中不断相互协调，对可能出现的理解问题进行交互修正，在交互的过程中引起对语言形式的注意。

威利斯（Willis）继朗和克鲁克斯之后，为教师在课题上开展任务型语言教学活动提供了操作层面上的指导。她在 *A Framework for Task-based Learning* 一书中提出了任务实施必须遵循的五个原则：要接触有意义且实用的语言，要使用语言，任务促使学生运用语言，在任务的某一点上要注重语言本身，不同时期要不同程度地突出语言。

斯基汉（Skehan）提倡的语言学习认知法使任务型语言学习获得了新的发展，

并且阐述了任务型语言教学的理论根据。他认为,语言运用的目标有三方面:流利性、准确性和复杂性。语言的流利性与语言的意义有关，而语言的准确性和复杂性则与语言的形式相联系。认知教学法提倡的任务型教学主张在交际的环境中，通过合理设计，并在完成任务的过程中，学生的注意力得到合理的分配，从而其语言得到持续而平衡的发展。

二、任务型教学法的具体应用

在大学英语教学中，应用任务型教学法时主要分三步进行。

（一）活动的准备

首先，把全班同学按 4~6 人分成若干组。分组时注意性别、学习基础、学习主动性的差异与搭配，每组选定一名组长。组长的职责是对组员进行考勤，组织督促组员完成教师分配的任务，帮助组员解决学习中的难题，平时帮助教师检查常规作业，如快速阅读、泛读、听写等。可以说，组长是教师的助手，在小组中要发挥很大的作用。所以组长的人选既要考虑到他们的英语基础，也要考虑到他们的工作热情以及是否愿意锻炼自己，为老师为同学服务。其次，由于英语班级是非自然班级，有些同学不属于同一专业或同一自然班级，有些同学的宿舍楼相距甚远。为了便于联系，制定了班级通讯录，包括姓名、专业、宿舍、联系电话等，尽可能为小组活动提供便利。

（二）活动的安排

以任务型教学实验的班级采用的教材《新视野大学英语》为例。每一次任务的进行都按照教学大纲的要求以及教材的特点，制定课文学习的重点和学习目标，确定任务内容和形式。任务的完成时间可能在课文开讲之前，也可能在课文讲解结束之后，这取决于任务的内容。在任务型教学法的学习任务中，任务的设计非常关键。

设计巧妙、有趣、难度适中的任务有助于引发学生的学习兴趣，促进他们的学习，反之则会削弱他们的学习积极性。在进行任务型教学活动中主要采取的形式有：

第一，为课文准备背景材料。为更好地理解课文，了解相关的背景知识是非常必要的。如在学第二册第二单元 "Environmental Protection Throughout the World" 前，要求学生上网或去图书馆查找资料，了解世界各国的主要环境污染问题以及各国采取的防御措施。这样，既有利于学生理解课文，又开阔了视野，懂得了更多的课外知识。

第二，从不同角度，运用不同体裁改写课文。如第一册第三单元“*A Good Heart to Lean On*”从“我”的角度描述了瘸腿父亲的“善心”、“我”对父亲的看法以及父亲给自己的影响。学完课文后，要求学生以父亲的口吻改写课文，描述父亲在面对儿子和他人时采取的态度以及当时的心理活动等。会发现许多同学的想象力非常丰富，对父亲的心理刻画非常生动，语言也很有趣。再如，学完“*A Busy Weekday Morning*”时，要求学生把课文改写成剧本，可酌情增加台词，然后排练表演。由于表演与课文内容有关，学生有了一个运用从课文中学到的词汇和语法结构的机会，巩固了对课文的理解，听、读、写各方面都得到了锻炼，创造力和表演能力也得到了体现。

第三，模拟现场表演或小品表演。在学到“*How to Make a Good Impression*”一课时，要求学生运用课文中所提到的给人留下好印象的要诀，并结合自己的常识和理解，在班上举行一次“学生干部招聘模拟现场”。每个小组派一名代表扮演“应聘者”，其他组成员扮演“考官”，考察“应聘者”的举止、言谈等是否合乎要求，对“应聘者”的表现是否留有深刻印象。

第四，小组讨论和写读后感。《新视野大学英语》中有许多课文适合学生进行课堂小组讨论。如新生入学后第一课上的是第一册第一单元的三篇课文，讲的都是关于“网上学习”。就此给学生几个问题进行课堂讨论，如谈谈他们的英语学习经历；网上学习的经历以及优缺点；自己最喜欢的学习方法；等等。对于这种话题，每个学生或多或少都可以说几句，不会使课堂讨论仅局限于几个活跃的学生，同时也可以促进学生之间的相互了解。

在学完“*Environmental Protection Throughout the World*”一文后，让大家讨论如何从我做起、从小事做起保护我们的地球，从而把科学、人文素质教育寓于英语教学之中。

第五，利用信息词编故事。这也是操作、复习课文重点、难点的好方法。具体的做法是从课文中选出的重点词或短语，让学生用于编故事，顺序可以变动。这样可以避免学生机械记忆并提高其灵活运用语言的能力。

第六，其他难度较大的任务形式。难度一般的任务基本不会占用学生太多的时间准备，所以可以经常采用；而难度较大的任务，占用的时间和精力较多，一般每学期安排一至两个。如第一册第五单元讲的是“艾滋病”，由于该单元的授课时间大致在 12 月初，而“世界艾滋病日”刚好是在每年的 12 月 1 日。所以，可以在 11 月初把任务布置给每个小组，要求他们在“世界艾滋病日”到来之前出一份宣传报，介绍艾滋病的有关知识、艾滋病的危害、预防艾滋病的方法以及政府对艾滋病人和家庭的关心和援助措施等。学生可以利用电视、报刊、网络等各种媒体资源，采集数据、事实、图片等，让更多的人了解其危害，从而远离一切可能感染艾滋病的途径。

（三）活动的结束和评估

任务分配过后，给学生一定的时间准备，并加以适当的课外辅导，然后在课堂上检查任务完成情况。除表演和出宣传报外，一般是每组选一个代表，上台陈述各组完成任务的情况。陈述完毕后，其他各组为其打分并做简单的评议。小组评议保证了每组陈述时，其他组在认真聆听。同时保证每个组员都积极参与任务的完成，组长要对组员的参与程度做记录、打分。另外，教师也要对每个小组的任务完成情况进行客观、公正、有针对性的、以鼓励为主的评价。同时对于各小组在任务完成过程中出现的语言错误，要进行适当的纠正，提供正确的语言形式。

三、任务型教学法的优越性

我们的教学实验充分证明了任务型教学法的优越性。

（一）任务型教学法大幅度地增加了学生的语言实践机会

传统的教学论认为，教师是教的主体，是课堂上唯一的信息源；而学生是教学过程的客体，是被动的信息接收器。它没有充分认识到语言实践在外语教学中的主导功能。英语教学是一门实践课，把英语当作纯知识去讲授是没有任何实际意义的。而任务型教学法要求教学要以“学生为中心”，学生是教学活动的主体。外语学习的效果在很大程度上取决于学生的主观能动性和积极参与性。要将新知识和已有知识相结合，要将语言技能从理论形态转换为实践形态，都必须通过学生自身的实践活动。从某种意义上说，任务型教学法提倡的“以学生为中心”将学生从被动推向了主动，使学生态度从消极变为积极，使课堂氛围从沉闷变为活跃，使教师角色从演员变成了导演。

（二）学生能够体会成就和不足

在完成任务的过程中，学生能体会到成就，感受成功，从而有助于激发学习积极性。同时，学生也能在团队中感到自己的不足，从而有助于激发他们自我完善的欲望，启动不断学习的内在动力。

（三）任务型教学法能培养学生的良好性格和情感

在执行任务的过程中，每个学生都承担一定的责任，并且组员之间需要相互协作，组与组之间也要进行比赛活动，这有助于培养学生的协作精神和集体荣誉感，有助于形成良好的性格和情感。

四、实施任务型教学法的注意事项

（一）学生是学习的主体，教师是任务活动的指导者和策划者

外语学习归根结底是学生自身的学习。“成功在很大程度上不取决于教学材料、教学方法和语言分析，而更多地取决于学生和教师之间的活动过程。”所以要正确处理好教师和学生在教学活动中的关系。学生作为活动主体要积极参与活动，教师则是任务的组织者和策划者，在学生完成任务的过程中给予指导和帮助，并对学生完成任务的质量进行评估和总结。

（二）任务的安排应以教材大纲为准

由于我们所用教材都是教育界的专家和学者们经过多年的精心研究编成的，因此，在运用任务型教学法时，教学内容仍应以教材为切入点，结合学生实际，灵活采用不同的任务形式，充分发挥学生的主观能动性和创造性，进行听、说、读、写的综合训练。

（三）做好学生学习观念的转变和配合工作

由于多年的传统教学法的影响，许多学生养成了对教师的依赖心理，缺乏良好的学习习惯。任务型教学法要求学生主动学习，这对许多学生来说是件困难的事。因此，教师要做好学生的思想工作，帮助学生树立正确的学习观念和良好的学习习惯，逐步培养学生的自主学习能力。

（四）任务型教学法不是完全摒弃传统教学

任务型教学法是一种新型的教学方法，强调以学生为主体，教师为客体，但这并不意味着它完全摒弃传统教学法。前文提到，语言运用的三大目的中有两项（即语言的准确性和复杂性）与语言形式有关，也就是与语言结构有关。结合众多教师

多年的教学经验发现，学生的语言结构的最佳获得途径是通过教师的课堂讲解。因而可以说，任务型教学法是兼容了传统教学法和交际教学法的折中主义教学法。

第六节　大学英语任务型教学中任务的设计原则及实施

长期以来，大学英语课堂教学一直是以教师为中心，教学过程中注重语言知识的传授，忽略了综合能力的培养；对学生的学习过程没有实施有效的管理。旧的教学模式已经不能适应新的教学要求，也很难满足社会对新型人才的需要。于是，进行有效的大学英语教学改革，将课堂学习延伸到课外，对学生的课内外学习的全过程实施有意识的、有计划的、分步骤的指导与管理，全面地提高大学生英语的综合素质与能力，是所有外语教学工作者一直关心和探讨的一个问题。

20 世纪 80 年代兴起的任务型教学提倡和推崇“以人为本”“以学生为本”，注重语言习得与运用，强调人的认知和习得的过程，旨在把语言教学真实化和课堂社会化，给学习者在“干中学、用语言做事”的机会和锻炼，从中培养综合素质。

任务型教学就是以具体的任务为学习动力或动机，以完成任务过程为学习过程，以展示任务成果的方式来体现教学的成就。它把语言运用的基本理念转化为具有实践意义的课堂教学方式。其核心思想就是模拟人们在生活、工作中运用语言所从事的各类活动，把语言教学与学习者在日常生活中的语言运用结合起来，把人们在社会生活中所做的事情细分为若干个非常具体的“任务”，并把培养学生具备完成这些任务的能力作为教学目标。

一、任务的定义

什么是“任务”呢？外语教学课堂中的任务是指学习者运用目标语进行交际以达成某一结果的活动。在完成任务的活动中，学习者始终处于一种积极、主动的心理状态，任务的参与者之间的交际过程也是一种互动的过程。为了完成任务，学习者以意义为中心，尽力调动各种语言的和非语言的资源，以达到解决某种交际问题的目的。

根据威利斯（Willis），任务型教学分成两个步骤：任务环和语言焦点。[①]

1. 任务环

本阶段首先给学习者充分的语言表达机会，强调语言的流畅性。由于是在小组相对紧密范围内，特别强调树立信心，交流中语言的使用是自然发生的，包含了许多探索性，只注重可交际，不注重准确的语言运用，以任务的完成激发学习者的学习动机。

接下来为即将开始的汇报做准备。从关注流畅性自然过渡到关注准确性，且这种形式的关注是出于表达的需要、交际的需要，因而是有意义的。

最后是汇报阶段，目的在于促使学生使用正式、严谨的语言，也使他们接触更多的口头和书面语。

2. 语言焦点

本阶段首先是分析，目的是要帮助学生探索语言，培养对句法、词组搭配、词汇某些方面的意识，帮助学生将他们已观察到的语言特征系统化，澄清概念并注意到新东西。其次是操练，针对所分析过的语言知识进行操练，直至掌握。

二、任务设计的原则

任务设计的好坏直接决定着教学效果。在众多教师的教学实践中总结出如下原则。

（一）语言材料真实性原则

在课堂任务设计中的输入材料应是来源于真实生活的。所创设的语言场景尽可

① 爱德华兹，威利斯 . 任务型英语教学法 课堂研究与实践 [M]. 北京：高等教育出版社，2009.

能地接近生活，这样才能使他们在课堂上学习的语言和技能在实际生活中同样得到有效的应用。

（二）实用性和可操作性原则

课堂任务总是为教学服务的。首先，任务的设计不能仅注重形式，而不考虑效果。因此，在任务设计中，要避免为“任务”而设计任务。教师要利用有限的时间和空间，尽可能为学生的个体活动创造条件，最大限度地为学生提供互动和交流的机会，达到预期的教学目的。其次，还应考虑到它在课堂环境中的可操作性，应尽量避免那些环节过多、程序过于复杂的课堂任务。必要时，要为学生提供任务操作的模式。

（三）任务连贯性原则

任务型教学并非指在课堂上穿插一两个活动，也不是指一系列毫无关联的活动在课堂上堆积。任务型教学是指教学中通过一系列的任务履行来完成或达到教学目标。在任务型教学中，一堂课的若干任务或一个任务的若干子任务应是相互关联、具有统一的教学目的或目标指向的，同时在内容上要相互衔接。努曼（Nunan）在其“任务依属原则”中指出，课堂上的任务应呈“任务链”或“任务系列”的形式，每一任务都以前面的任务为基础或出发点，后面的任务依属于前面的任务，这样，每一课或每一教学单元的任务系列构成一列教学阶梯，使学习者能一步一步达到预期的教学目的。①

（四）任务活动趣味性原则

动机和兴趣是学生学习行为的主要动因。任务型教学法的优点之一便是通过有趣的课堂交际活动有效地激发学习者的学习动机，使他们主动参与学习。因此，考虑任务的趣味性是任务设计的重要环节。任务的趣味性除来自任务本身之外，还可来自多方面，如多人的参与、多向的交流和互动，任务履行中的人际交往、情感交流，

① （美）大卫·努曼．英语语言教学理论与实践 [M]. 凤凰出版传媒集团；南京：译林出版社，2008.

解决问题或完成任务后的兴奋感、成就感等。

三、任务的设计与实施策略

任务型教学法以学习者为中心，关注外语教学的认知过程和心理语言学过程，力图为学习者提供机会，通过课堂上以意义为焦点的活动，参与开放型的交际任务。任务型教学成效的关键是如何设计科学的、合理的任务贯穿于教学过程的始终而达到教学的目的。教师须根据不同的情况，通过教材及一些丰富的语言表现形式，从问题入手，设计学习任务，促成学生进入知识形成情境进行学习，并从中领悟语言丰富而多维的学习过程，培养综合运用语言的能力及运用语言解决问题的语用意识。教学效果的好坏要看教师如何对课堂教学进行准备和调控。如果教师能够利用大班教学环境中的有利因素，充分调动学生的学习积极性，提高语言接触和语言操练的密度，大班英语教学同样可以使学生在各方面得到全面发展。因此，在大班教学的任务设计时要注意以下问题。

（一）根据学生个体的差异设计难易适度的任务

任务型教学法就是要改变传统教学中教师授课对全班学生“一锅烩”的情形。任务设计者应根据学习者的具体情况，综合分析不同任务中影响难度的不同因素，选择搭配，同时利用或提供必要的辅助手段，将任务难度调整到适当程度，以使任务达到最佳教学效果。

根据学生的具体情况和需要，组织教学中注意因材施教。其具体做法包括：学生水平分层、内容难度分层、学习目标分层、教学方法分层、教学活动分层、练习和作业分层及评价分层。对于个人能力强的学生设计一些以交际为目的的任务及运用语言解决问题的任务；对于学习困难的学生，设计简单的、认知型的任务，主要是提高他们的阅读能力。任务的顺序可多种多样，如从接受性技能到产出性技能，或从预备性任务向目标性任务过渡等。强调小组活动中每个成员的参与，避免能力差的学生成为“观众”。

（二）分清课型，针对听、说、读、写设计合适的任务

任务的目标具有多样性，针对听、说、读、写不同的课型，教师要精心设计，合理地安排在各个学习阶段中，使之符合并有助于学生在各个不同技能方面的发展。例如，通过教师对阅读任务的制定，阅读者通过“问题—文本”的控制性阅读模式的导入，做到阅读任务心中有数，才不会盲目处理信息和储存信息，因而最大限度地提高学生的课堂阅读效率。

（三）课堂内外，设计连续性的学习任务

这一原则涉及任务与任务之间的关系，以及任务在课堂上的实施步骤和程序，即怎样使设计的任务在实施过程中达到教学上和逻辑上的连贯与流畅。课堂上的任务应呈“任务链”的形式，每一任务都以前面的任务为基础或出发点，后一任务是前一任务的发展。课外的任务可以是课堂任务的前奏，有时候也可以成为课堂任务的延续。以此进一步促进学生自主学习能力的发展。

（四）根据任务的操作模式，设计操练型和激发型的任务

从激发学生的兴趣入手，激发学生的思维，一些传统的教学活动，如听写、集体朗读、分大组朗读、集体尝试背诵，经验证明这些活动是有效的，应当继承。这些活动促使学生达到认知及熟练运用的目的。

（五）任务的设计要注重学生自主学习能力的培养

教学过程中对学生加强策略的引导，结合学习内容，多举行一些与英语相关的课外活动，如英语角、英语手抄报、表演对话短剧、收听英语广播、观看英文电影电视等。

总之，在设计和实施任务型教学的过程中，教师应遵循语言教学规律和课堂教

学规律，全面理解，正确把握，不断实践、不断改进。教师应根据具体问题具体分析，设计具有自己特色的任务型教学的课堂，即以任务型为主，结合使用其他教学方法的一种课堂教学模式。

自从任务型教学法被引进国内，这一教学模式越来越展现其教学效果优势，原因是它提倡以教师为主导、以学生为主体的教学活动，倡导体验、实践、参与、交流和合作的学习方式。这正好与新的《大学英语课程要求》提出的“大学英语的教学目标是培养学生的英语综合应用能力，特别是听、说能力，使他们在今后工作和社会交往中能用英语有效地进行口头和书面的信息交流，同时增强其自主学习能力，提高综合文化素养，以适应我国社会发展和国际交流的需要”相符。同时也是在教学实践中贯彻实施成功素质教学观的有效途径。

参考文献

[1] 曹梅 . 生态学视角下的英语教学模式创新 [J]. 环境工程，2022，40(03)：252-253.

[2] 冯雪芳 . 职业教育中混合式英语教学模式探讨——评《英语教学法：理论与实践》[J]. 中国高校科技，2021(11)：109.

[3] 孙舒和 . 高校英语教学模式创新路径探索——评《跨文化交际研究与高校英语教学创新探索》[J]. 中国高校科技，2021(04)：111.

[4] 邓燕燕 . 模因论视域下英语教学模式研究 [J]. 英语广场，2020(13)：71-73.

[5] 石佳 . 关于现代大学英语教学中的"翻转课堂"[J]. 南昌师范学院学报，2019，40(05)：115-117-127.

[6] 陈丽竹 . 谈建构主义学习理论视角下英语教学模式的改变 [J]. 才智，2017(16)：20.

[7] 李悦 . 基于网络平台的高职英语教学模式研究 [J]. 佳木斯职业学院学报，2016(07)：291.

[8] 朱霞云 . 尊重学生主体发展 营造快乐教学环境——现代英语开放式课堂教学模式详析 [J]. 基础教育课程，2016(04)：23-24.

[9] 江凡 . 现代英语语音教学模式及手段分析 [J]. 电子测试，2013(20)：216-217.

[10] 李生贵 .3-P 英语教学模式之功能优化 [J]. 重庆科技学院学报(社会科学版)，2012(16)：197-199.

[11] 兀丽星 . 试论电大远程教育中英语教学模式的改革 [J]. 太原城市职业技术学院学报，2011(12)：128-130.

[12] 段继芳 . 现代英语语音教学模式及手段研究 [J]. 边疆经济与文化，2011(10)：

137-138.

[13] 李文胜 . 论互动英语教学模式对学生综合英语能力的促进作用 [J]. 黑龙江科技信息，2010(35)：185.

[14] 丁颖君 . 基于现代教学理念的大学英语教学模式探讨 [J]. 齐齐哈尔师范高等专科学校学报，2010(04)：142-143.

[15] 李敏 . 新形势下现代英语教学模式的改革 [J]. 网络财富，2010(11)：121.

[16] 林京，林洁 . 现代英语教学模式理论与实践探索——英语交际教学模式 [J]. 黑河学刊，2009(08)：118-119.

[17] 孙鹏 . 现代英语教师教学主导意识研究——基于哈默英语教学模式的思考 [J]. 教育探索，2009(11)：94-95.

[18] 程瑞兰 . 语境理论指导下的现代大学英语教学模式探索 [J]. 洛阳师范学院学报，2009，28(01)：154-156.

[19] 赵延燕 . 浅谈现代大学英语教师的作用与素质建设 [J]. 科技信息，2009(02)：444-446.

[20] 田辉 . 基于多媒体网络技术的大学英语教学模式研究 [J]. 淮南职业技术学院学报，2008(03)：106-108.

[21] 何碧 . 网络教育在现代大学英语教学中的应用研究 [J]. 黔西南民族师范高等专科学校学报，2008(02)：56-58.

[22] 刘健健，魏彩虹 . 两种现代英语教学模式的比较分析 [J]. 教学与管理，2008(15)：123-124.

[23] 禚沿东 . 英语教学模式整合的思路与分析 [J]. 吉林公安高等专科学校学报，2007(05)：122-125.

[24] 张欢 . 更新英语教学理念，促进英语课堂互动 [J]. 广西大学学报（哲学社会科学版），2007(S1)：114-116.

[25] 王文娱 . 浅谈大学英语教师具备的基本素质和能力 [J]. 河南教育（高校版），2005(Z1)：57-58.

[26] 钟素花 . 利用网络平台，构筑现代英语教学模式 [J]. 内江师范学院学报，2004(S1)：199-201.